上海市中等职业学校

幼儿保育

专业教学标准

上海市教师教育学院（上海市教育委员会教学研究室）编

上海教育出版社
SHANGHAI EDUCATIONAL
PUBLISHING HOUSE

上海市教育委员会关于印发上海市中等职业学校
第六批专业教学标准的通知

各区教育局，各有关部、委、局、控股(集团)公司：

为深入贯彻党的二十大精神，认真落实《关于推动现代职业教育高质量发展的意见》等要求，进一步深化上海中等职业教育教师、教材、教法"三教"改革，培养适应上海城市发展需求的高素质技术技能人才，市教委组织力量研制《上海市中等职业学校数字媒体技术应用专业教学标准》等 12 个专业教学标准(以下简称《标准》，名单见附件)。

《标准》坚持以习近平新时代中国特色社会主义思想为指导，强化立德树人、德技并修，落实课程思政建设要求，将价值观引导贯穿于知识传授和能力培养过程，促进学生全面发展。《标准》坚持以产业需求为导向明确专业定位，以工作任务为线索确定课程设置，以职业能力为依据组织课程内容，及时将相关职业标准和"1＋X"职业技能等级证书标准融入相应课程，推进"岗课赛证"综合育人。

《标准》正式文本由上海市教师教育学院(上海市教育委员会教学研究室)另行印发，请各相关单位认真组织实施。各学校主管部门和相关教育科研机构要根据《标准》加强对学校专业教学工作指导。相关专业教学指导委员会、师资培训基地等要根据《标准》组织开展教师教研与培训。各相关学校要根据《标准》制定和完善专业人才培养方案，推动人才培养模式、教学模式和评价模式改革创新，加强实验实训室等基础能力建设。

附件：上海市中等职业学校第六批专业教学标准名单

上海市教育委员会

2023 年 6 月 17 日

附件

上海市中等职业学校第六批专业教学标准名单

序号	专业教学标准名称	牵头开发单位
1	数字媒体技术应用专业教学标准	上海信息技术学校
2	首饰设计与制作专业教学标准	上海信息技术学校
3	建筑智能化设备安装与运维专业教学标准	上海市西南工程学校
4	商务英语专业教学标准	上海市商业学校
5	幼儿保育专业教学标准	上海市群益职业技术学校
6	城市燃气智能输配与应用专业教学标准	上海交通职业技术学院
7	新型建筑材料生产技术专业教学标准	上海市材料工程学校
8	药品食品检验专业教学标准	上海市医药学校
9	印刷媒体技术专业教学标准	上海新闻出版职业技术学校
10	连锁经营与管理专业教学标准	上海市现代职业技术学校
11	船舶机械装置安装与维修专业教学标准	江南造船集团职业技术学校
12	船体修造技术专业教学标准	江南造船集团职业技术学校

目 录

CONTENTS

第二部分
上海市中等职业学校幼儿保育专业课程标准

第一部分 PART 1

上海市中等职业学校幼儿保育专业教学标准

专业名称（专业代码）

幼儿保育(770101)

入学要求

初中毕业或相当于初中毕业文化程度

学习年限

三年

培养目标

本专业坚持立德树人、德技并修,学生德智体美劳全面发展,主要面向幼儿园、儿童福利院等学前教育机构,培养教育理想信念坚定,富有仁爱之心,具有良好的幼儿保育职业素养、必备的科学文化知识与专业基础知识技能,能从事幼儿*卫生管理与教育、生活管理与教育、健康照护与教育、教育活动辅助与家长工作等相关保育工作,具有职业生涯发展基础的发展型高素质保育人才。

职业范围

职业领域	职业(岗位)	职业技能等级证书 （名称、等级、评价组织）
幼儿保育	幼儿园保育师	● 保育师职业技能等级证书(四级) 评价组织:上海市托幼协会

---

* 本标准中的"幼儿"均为2—6岁。

职业领域	职业（岗位）	职业技能等级证书 （名称、等级、评价组织）
幼儿保育	幼儿园保育师	● 育婴员职业技能等级证书（初级） 　评价组织：上海市托幼协会

注：保育师职业技能等级证书（四级）必考，育婴员职业技能等级证书（初级）根据学校实际任选。

人才规格

1. 职业素养

- 具有正确的世界观、人生观、价值观，深厚的家国情怀，良好的个人品德，衷心拥护党的领导和我国社会主义制度。

- 具有依法保育意识，遵守教育法、教师法、未成年人保护法、幼儿园工作规程、托儿所幼儿园卫生保健管理办法、中小学教师职业道德规范、新时代幼儿园教师职业行为十项准则等学前教育相关法律法规。

- 具有正确的保育观，热爱幼儿保育事业，认同幼儿保育对幼儿成长的重要价值，努力维护幼儿保育的专业形象，爱岗敬业，乐于担当，甘于奉献。

- 具有正确的儿童观，热爱幼儿，树立幼儿为本理念，尊重幼儿人格和权利，面向全体、关注差异，富有爱心、耐心、细心与责任心。

- 具有基本的自然科学和人文社会科学、艺术欣赏与表现的基本修养以及合法使用现代信息技术的基本素养与意识。

- 具有健全的人格、积极向上的精神，吃苦耐劳，热情友善，乐观向上，言行规范，为人师表，追求真善美。

- 具有科学精神、较强的求知欲及终身学习、自我反思、自主发展、自我完善意识与批判性思维素养。

- 具有健全的体魄、充沛的精力，身体状况达到《国家学生体质健康标准》，没有传染病和精神疾病，听力和矫正视力正常。

2. 职业能力

- 能依据德智体美劳全面发展的教育方针开展保育工作，自觉践行社会主义核心价值观，努力将立德树人融入保育工作全过程。

- 能公正平等地对待每一名幼儿，努力维护每一名幼儿的身心健康，保护幼儿的自主性、独立性和选择性，乐于协助教师为幼儿创造发展的条件和机会。

- 能自觉控制与调节自我情绪,保持平和心态;遇事沉着冷静,较为合理地处理问题。

- 能仪表整洁,语言规范健康,举止文明礼貌,符合保育师礼仪要求和保育场景要求。

- 能创设有助于维护幼儿身心安全、健康、舒适的物质环境与心理环境。

- 能独立承担幼儿一日生活各环节保育工作,科学照护幼儿日常生活,丰富幼儿生活常识与生活经验,并能进行随机教育,培养幼儿的良好生活习惯、独立生活能力与社会交往能力。

- 能监测幼儿生长发育状况与健康情况,初步识别常见发育不良症状与常见病症并正确应对,有效保护幼儿生命健康。

- 能正确预防与规范处理幼儿意外伤害及其他突发事件,有效保护幼儿生命安全。

- 能辅助教师组织幼儿开展运动、游戏与学习活动,独立承担各项活动中的保育工作任务。

- 能积极关注幼儿的言行和情绪表达,帮助幼儿进行情绪管理,关注幼儿心理健康,初步识别幼儿的偏差行为并正确应对。

- 能根据特殊需要幼儿的身心发展特点,开展融合保育,初步具备随班融合保育能力。

- 能恰当运用幼儿文学、美术、音乐、舞蹈等艺术技能,辅助教师开展教育教学工作。

- 能协助教师充分挖掘家庭与社区资源,进行家、园、社区的沟通交流与合作。

- 能根据沟通对象的不同特点(幼儿、同事、家长、社区工作人员)、不同情境,运用较恰当的语言进行有效沟通,建立良好的互动合作关系,促进保育工作顺利开展。

- 能清楚表达主题内容,较为准确地理解专业相关文本内容,撰写规范的幼儿保育专业文案(日志、计划、总结、观察记录、案例分析等)。

- 能对保育实践活动进行有效的自我诊断,不断反思改进保育工作。

- 能安全、合法与负责任地使用信息与技术,较为熟练地运用信息技术开展智能化保育工作。

- 能秉持终身学习理念,不断丰富自己的人文素养;及时学习幼儿保育方面的新理念、新知识与新技能,不断提升自身专业素养。

- 能根据学前教育行业保教改革的动态和发展情况,制定自己的职业生涯发展规划。

▎主要接续专业

高等职业教育专科:学前教育(570102K)、婴幼儿托育服务与管理(520802)、早期教育(570101K)

高等职业教育本科:学前教育(370101)、婴幼儿发展与健康管理(320802)

▍工作任务与职业能力分析

工作领域	工作任务	职　业　能　力		
1. 幼儿生活活动保育	1-1 进餐保育	1-1-1	能根据进餐保育的规范操作要求、幼儿年龄特点以及审美要求，进行餐前准备，确保进餐氛围愉快、温馨、舒适，进餐环境安全卫生、整洁美观，饭菜温度与数量适宜	
		1-1-2	能根据幼儿年龄特点进行餐前教育，在帮助幼儿激发食欲、安全用餐的同时，指导幼儿了解食物名称及其营养对自身健康的重要作用，掌握集体进餐规则，丰富饮食、营养、健康、生物等方面的常识，培养幼儿对饮食文化与健康生活的兴趣	
		1-1-3	能根据幼儿年龄特点，配合教师有效组织幼儿进餐活动，在确保幼儿愉快地吃完自己的一份饭菜的同时，指导幼儿健康、文明进餐，激励幼儿良好的进餐行为，培养独立进餐能力和良好进餐习惯	
		1-1-4	能细心观察幼儿进餐行为，敏锐发现并劝阻不适宜行为，及时排除安全隐患，妥善处理进餐安全突发事件	
		1-1-5	能根据进餐特殊儿(肥胖儿、挑食儿、拒食儿、体弱儿、过敏儿、病后初愈儿等)具体情况，做好相应的照护工作，妥善处理幼儿呕吐、打翻食物等进餐突发情况，让幼儿感受保育师的温暖与体贴	
		1-1-6	能根据幼儿年龄特点，进行餐后个人卫生指导，培养幼儿良好的餐后卫生习惯	
		1-1-7	能根据进餐保育的规范操作要求，进行餐后餐厅的整理清洁和餐具的清洁消毒工作，确保餐厅安全、整洁、舒适、美观，餐具卫生且摆放规范	
		1-1-8	能规范记录进餐保育工作过程，并通过深入反思不断改进	
	1-2 饮水保育	1-2-1	能根据饮水保育的规范操作要求，进行幼儿饮水前清洁消毒等准备，确保环境设施安全、卫生、整洁，并能根据天气及幼儿的活动量、饮食情况，提供温度适宜、充足的饮用水	
		1-2-2	能根据幼儿年龄特点进行饮水前教育，在帮助幼儿掌握正确取水方法的同时，指导幼儿安全、文明、健康饮水，了解适量饮水对自身健康的重要作用，掌握集体饮水规则，丰富饮水健康常识	
		1-2-3	能根据幼儿年龄特点，配合教师有效组织幼儿饮水活动，帮助、指导幼儿采用正确的方法取水，健康、文明饮水，激励幼儿良好的饮水行为，培养独立饮水能力和良好饮水习惯	
		1-2-4	能细心观察幼儿饮水行为，敏锐发现并劝阻不适宜行为，及时排除安全隐患，妥善处理饮水安全突发事件	
		1-2-5	能敏锐发现幼儿饮水时存在的各种问题，并根据幼儿身心发展的个体差异，有效做好个别教育工作及与家长的沟通工作	
		1-2-6	能规范记录饮水保育工作过程，并通过深入反思不断改进	

(续表)

工作领域	工作任务	职 业 能 力
1. 幼儿生活活动保育	1-3 盥洗保育	1-3-1 能根据盥洗保育的规范操作要求,进行盥洗环境设施的清洁消毒工作,准备好充足的幼儿盥洗用品,确保环境设施安全、卫生、整洁,盥洗用品易于取放 1-3-2 能根据幼儿年龄特点进行盥洗前教育,在帮助幼儿掌握正确盥洗方法的同时,指导幼儿安全、文明、健康盥洗,了解正确盥洗对自身健康的重要作用,掌握集体盥洗规则,丰富盥洗健康常识 1-3-3 能根据幼儿年龄特点,配合教师有效组织幼儿盥洗活动,帮助、指导幼儿采用正确的方法盥洗(洗手、洗脸、洗头、洗澡等),激励幼儿良好的盥洗行为,培养独立盥洗能力和良好盥洗习惯 1-3-4 能细心观察幼儿盥洗行为,敏锐发现并劝阻不适宜行为,及时排除安全隐患,妥善处理盥洗安全突发事件 1-3-5 能敏锐发现幼儿盥洗时存在的各种问题,并根据幼儿个体特点,做好个别教育工作及与同事、家长的沟通工作 1-3-6 能规范记录盥洗保育工作过程,并通过深入反思不断改进
	1-4 如厕保育	1-4-1 能根据如厕保育的规范操作要求,进行如厕环境设施的清洁消毒工作,准备好充足的幼儿如厕用品,确保环境设施安全、卫生、整洁,如厕用品易于取放 1-4-2 能根据幼儿年龄特点进行如厕前教育,在帮助幼儿掌握正确如厕方法的同时,指导幼儿安全、文明、健康如厕,了解及时排便对自身健康的重要作用,掌握集体如厕规则,丰富排便健康常识 1-4-3 能根据幼儿年龄特点,配合教师有效组织幼儿如厕活动,帮助、指导幼儿采用正确的程序与方法如厕,激励幼儿良好的如厕行为,培养独立如厕能力和良好如厕习惯 1-4-4 能细心观察幼儿如厕行为,敏锐发现并劝阻不适宜行为,及时排除安全隐患,妥善处理如厕安全突发事件 1-4-5 能敏锐发现幼儿异常大小便,并正确做好留样待检、沟通上报以及清洁消毒工作 1-4-6 能敏锐发现幼儿如厕时存在的各种问题,并根据幼儿个体特点,做好个别教育工作及与同事、家长的沟通工作 1-4-7 能规范记录如厕保育工作过程,并通过深入反思不断改进

工作领域	工作任务	职　业　能　力
1. 幼儿生活活动保育	1-5 睡眠保育	1-5-1 能根据睡眠保育的规范操作要求,创设安全、卫生、整洁、光线温度适宜、美观舒适的午睡环境,同时根据幼儿午睡时的个体差异,合理安排床位 1-5-2 能根据幼儿年龄特点进行睡眠前教育,在帮助幼儿掌握正确穿脱衣服方法的同时,指导幼儿了解充足睡眠对自身健康的重要作用,掌握集体午睡规则,丰富睡眠健康常识与穿衣常识,同时增强关注自身健康及互帮互助意识 1-5-3 能进行幼儿午睡前后的安全、身体检查,敏锐发现并排除幼儿午睡环节的危险因素,确保午睡活动的安全 1-5-4 能根据幼儿年龄特点,配合教师有效组织幼儿午睡活动,帮助、指导幼儿独立有序地穿脱衣服、安静入睡,激励幼儿良好的午睡行为,培养独立午睡能力和良好午睡习惯 1-5-5 能细心观察幼儿午睡情况,敏锐发现幼儿午睡时存在的各种问题,并根据幼儿身心发展的个体差异,有效做好个别照护或个别教育工作,以及与同事、家长的沟通工作 1-5-6 能规范记录睡眠保育工作过程,并通过深入反思不断改进
	1-6 来园保育	1-6-1 能根据来园保育的规范操作要求,进行来园前环境设施的清洁消毒工作,确保环境设施安全、卫生、整洁 1-6-2 能根据来园活动内容,准备好充足的生活用品及来园活动材料,满足幼儿来园生活及活动需要 1-6-3 能根据幼儿年龄特点和个性特点,热情接待幼儿及家长,引导幼儿礼貌招呼,指导幼儿有序存放个人物品,提醒及协助个别幼儿完成入园整理,培养幼儿良好的来园习惯;关注幼儿晨检情况,妥善处理晨检时发生的问题 1-6-4 能根据幼儿来园时的不同状况及身心发展的个体差异,做好来园活动的个别教育工作,使幼儿情绪稳定,愉快入园 1-6-5 能规范记录来园保育工作过程,并通过深入反思不断改进
	1-7 离园保育	1-7-1 能根据幼儿年龄特点和个性特点,帮助、指导幼儿做好离园前的收整工作,确保幼儿穿戴舒适,个人物品全部有序收纳,班级物品分类摆放整齐 1-7-2 能根据幼儿全天的行为表现与身体状况及离园时的行为情绪状况,做好离园活动的个别沟通与安抚工作,使幼儿情绪稳定,愉快离园

(续表)

工作领域	工作任务	职 业 能 力	
1. 幼儿生活活动保育	1-7 离园保育	1-7-3	能根据离园保育的规范操作要求,进行离园后环境设施的清洁消毒工作与电器的清洁保管工作,确保环境设施安全、卫生、整洁
		1-7-4	能做好晚接幼儿的信息登记与交接工作,组织晚接幼儿的活动,安抚晚接幼儿的情绪,并仔细核对接送家长信息,确保幼儿安全离园
		1-7-5	能针对幼儿一日活动中出现的问题,协助教师做好与个别幼儿家长的沟通工作
		1-7-6	能敏锐发现幼儿离园时的安全隐患,及时排除危险因素,正确处理离园突发事件
		1-7-7	能规范记录离园保育工作过程,并通过深入反思不断改进
2. 幼儿安全照护	2-1 常见急症应急处理	2-1-1	能初步识别幼儿常见急症,并根据相关规定,评析幼儿园急症救助处理过程的合规情况
		2-1-2	能初步判断幼儿呼吸困难病症,并根据患儿年龄、症状及当下发生的情境,采取合规的应急措施,对患儿及家长进行抚慰,同时做好相应的预防工作
		2-1-3	能初步判断幼儿鼻出血病症,并根据患儿症状及当下发生的情境,采取合规的应急措施,对患儿及家长进行抚慰,同时做好相应的预防工作
		2-1-4	能初步判断幼儿惊厥病症,并根据患儿症状及当下发生的情境,采取合规的应急措施,对患儿及家长进行抚慰,同时做好相应的预防工作
		2-1-5	能初步判断幼儿晕厥病症,并根据患儿症状及当下发生的情境,采取合规的应急措施,对患儿及家长进行抚慰,同时做好相应的预防工作
		2-1-6	能初步判断幼儿过敏病症,并根据患儿症状及当下发生的情境,采取合规的应急措施,对患儿及家长进行抚慰,同时做好相应的预防工作
		2-1-7	能根据幼儿急症情况及家长特点,选择合适的沟通途径,运用恰当的语言与家长沟通
		2-1-8	能规范记录幼儿常见急症应急处理与预防工作过程,并通过深入反思不断改进
	2-2 意外伤害应急处理	2-2-1	能分辨幼儿园常见意外伤害,并根据相关规定,评析幼儿园意外伤害事件处理过程的合规情况
		2-2-2	能通过观察受伤幼儿体征,初步判断幼儿小外伤的类型和程度,并根据患儿症状及当下发生的情境,采取合规的应急措施,对患儿及家长进行抚慰,同时做好小外伤的预防工作

（续表）

工作领域	工作任务	职　业　能　力	
2. 幼儿安全照护	2-2 意外伤害应急处理	2-2-3	能通过观察受伤幼儿体征,初步判断幼儿烫伤、烧伤的类型和程度,并根据患儿症状及当下发生的情境,采取合规的应急措施,对患儿及家长进行抚慰,同时做好烫伤、烧伤的预防工作
		2-2-4	能通过观察异物入体幼儿体征,初步判断幼儿异物入体的部位和程度,并根据患儿症状及当下发生的情境,采取合规的应急措施,对患儿及家长进行抚慰,同时做好异物入体的预防工作
		2-2-5	能通过观察受伤幼儿体征,初步判断幼儿骨、关节、肌肉受伤的部位和程度,并根据患儿症状及当下发生的情境,采取合规的应急措施,对患儿及家长进行抚慰,同时做好运动系统伤害的预防工作
		2-2-6	能通过观察受伤幼儿体征,初步判断幼儿被动物伤害的部位和程度,并根据患儿症状及当下发生的情境,采取合规的应急措施,对患儿及家长进行抚慰,同时做好动物伤害的预防工作
		2-2-7	能通过观察幼儿体征及中毒幼儿人数,初步判断幼儿中毒的类型和程度,并根据幼儿体征及当下发生的情境,采取合规的应急措施,对幼儿及家长进行抚慰,同时做好相应的预防工作
		2-2-8	能根据幼儿溺水情境,采取合规的应急措施,对幼儿及家长进行抚慰,同时做好相应的预防工作
		2-2-9	能在幼儿一日生活各环节,对幼儿渗透避免意外伤害的自我保护教育
		2-2-10	能根据幼儿意外伤害情况及家长特点,选择合适的沟通途径,运用恰当的语言与家长沟通
		2-2-11	能规范记录幼儿意外伤害应急处理与预防工作过程,并通过深入反思不断改进
	2-3 幼儿园重大突发事件应急处理	2-3-1	能根据火灾情况,采取合规的应急措施,对幼儿及家长进行抚慰,同时做好相应的预防工作
		2-3-2	能根据暴力伤害事件,采取合规的应急措施,对幼儿及家长进行抚慰,同时做好相应的预防工作
		2-3-3	能根据冒领走失事件,采取合规的应急措施,对幼儿及家长进行抚慰,同时做好相应的预防工作
		2-3-4	能根据幼儿性侵害事件,采取合规的应急措施,对幼儿及家长进行抚慰,同时做好相应的预防工作
		2-3-5	能对幼儿进行针对重大突发事件的自我保护教育
		2-3-6	能规范记录幼儿园重大突发事件应急处理与预防工作过程,并通过深入反思不断改进

（续表）

工作领域	工作任务	职 业 能 力
3. 幼儿健康照护	3-1 健康检查与异常状况应对	3-1-1 能在保健员的指导下,配合教师做好幼儿入园体检和定期体检工作,并与体检结果异常的幼儿家长进行沟通,合作应对 3-1-2 能配合保健员、教师,对幼儿进行晨、午间检查及全日健康观察,并根据幼儿的不同健康情况,对幼儿进行恰当的身心照护 3-1-3 能根据幼儿异常体征或表现,敏锐发现幼儿预防接种后的不良反应,并对幼儿进行恰当的身心照护 3-1-4 能规范记录幼儿健康检查与异常状况应对工作过程,并通过深入反思不断改进
	3-2 体格监测与发育异常应对	3-2-1 能根据幼儿的年龄,合理选择测量工具,进行体格发育指标(如身高/长、体重、头围、胸围等)的规范测量和数据记录 3-2-2 能根据幼儿年龄、体格指标及评价需求,合理选择体格生长参照标准,对幼儿体格发育的水平、趋势等进行初步评价 3-2-3 能根据体格生长评价结果,在保健员的指导下,配合教师对体格发育偏离和营养/发育障碍的幼儿进行家园合作的联合矫治,并进行专案管理 3-2-4 能规范记录幼儿体格监测与发育异常应对工作过程,并通过深入反思不断改进
	3-3 常见病症识别与应对	3-3-1 能根据幼儿异常体征及体温测量,初步识别幼儿发热病症,并根据初步的健康状况评估,采取恰当的应对措施(含喂药、服药照护),同时做好发热的预防工作 3-3-2 能根据幼儿皮肤、黏膜的异常体征或表现,初步识别幼儿皮疹类型,并根据初步的健康状况评估,采取恰当的应对措施,同时做好皮疹的预防工作 3-3-3 能根据幼儿排便的异常状况,初步识别幼儿排便异常类型,并根据初步的健康状况评估,采取恰当的应对措施,同时做好排便异常的预防工作 3-3-4 能根据幼儿异常体征或表现,初步识别幼儿咳嗽类型,并根据初步的健康状况评估,采取恰当的应对措施,同时做好咳嗽的预防工作 3-3-5 能根据幼儿异常体征或表现,初步识别幼儿呕吐类型,并根据初步的健康状况评估,采取恰当的应对措施(含呕吐物处理),同时做好呕吐的预防工作 3-3-6 能根据幼儿异常体征或表现,初步识别幼儿腹痛类型,并根据初步的健康状况评估,采取恰当的应对措施,同时做好腹痛的预防工作

工作领域	工作任务	职 业 能 力
3. 幼儿健康照护	3-3 常见病症识别与应对	3-3-7 能根据幼儿异常体征或表现,初步识别幼儿五官(口腔、眼、耳、鼻)病症,并根据初步的健康状况评估,采取恰当的应对措施(含五官给药),同时做好五官病症的预防工作
		3-3-8 能规范记录幼儿常见病症识别与应对工作过程,并通过深入反思不断改进
	3-4 常见传染病应急处理与预防	3-4-1 能根据传染病的流行季节和传播途径,配合保健员、教师,做好幼儿常见传染病的常规预防工作
		3-4-2 能在保健员的指导下,配合教师做好幼儿常见传染病的监测、上报、隔离检疫、与家长沟通等工作
		3-4-3 能在保健员的指导下,做好幼儿园环境与物品的随时性消毒和终末消毒工作
		3-4-4 能规范记录幼儿常见传染病应急处理与预防工作过程,并通过深入反思不断改进
4. 幼儿园教育活动辅助	4-1 运动辅助	4-1-1 能根据运动项目、运动要求及幼儿年龄特点,进行安全、卫生、有序、充足的运动器具和运动环境准备
		4-1-2 能根据季节天气及运动项目,进行运动前幼儿身体衣物准备与生活用品准备
		4-1-3 能敏锐发现各项运动中环境、材料及幼儿活动的安全隐患,及时排除危险因素,并协助教师正确处理各类突发事件
		4-1-4 能协助教师组织不同年龄幼儿开展各项运动,并根据幼儿体征及时调节至较适宜的运动量
		4-1-5 能识别运动中体弱儿、特殊儿及其他幼儿的异常体征,并采取相应的照护措施
		4-1-6 能根据幼儿年龄特点,指导幼儿做好各项运动后器械材料的收拾整理工作与生活自理工作
		4-1-7 能根据运动器械的材质,做好相应的清洁消毒工作,并根据运动器械的种类与年龄班做好分类保管工作
		4-1-8 能针对幼儿运动中存在的问题,协助教师与家长进行有效沟通
		4-1-9 能规范记录幼儿运动保育工作过程,并通过深入反思不断改进
	4-2 游戏活动辅助	4-2-1 能根据游戏活动类型与幼儿年龄特点、知识经验以及当地的民俗特点与社区资源,协助教师创设相应的游戏环境,准备安全卫生、数量充足、经济环保、便于幼儿取放的各类游戏材料

(续表)

工作领域	工作任务	职　业　能　力
4. 幼儿园教育活动辅助	4-2 游戏活动辅助	4-2-2　能根据各类游戏材料的特点及清洁消毒的规范操作要求,做好各类游戏材料的清洁、消毒与保管工作 4-2-3　能根据游戏活动类型与幼儿年龄特点、知识经验,协助教师支持、鼓励幼儿自主开展游戏活动,在充分观察幼儿游戏过程的基础上,较好地把握介入时机,给予幼儿较适当的支持 4-2-4　能敏锐发现各类游戏活动中环境、材料及幼儿游戏活动的安全隐患,及时排除危险因素,并协助教师正确处理各类突发事件 4-2-5　能根据游戏活动内容及幼儿年龄特点,引导幼儿做好游戏活动后的收拾整理工作,并协助教师组织幼儿进行分享 4-2-6　能规范记录幼儿游戏活动保育工作过程,并通过深入反思不断改进
	4-3 学习活动辅助	4-3-1　能根据教学目标、学习活动内容及幼儿年龄特点,协助教师布置支持幼儿发展的学习环境,配足学习活动所需的便于幼儿取放的学习设施设备、用品、材料等 4-3-2　能根据教学活动内容特点及教学目标,配合教师正确示范 4-3-3　能细心观察幼儿学习情况,并根据教师教学要求、个别化学习情况及个性特点,有效支持、激励个别幼儿顺利开展学习活动,并培养幼儿良好的学习习惯和独立收整学习材料的能力 4-3-4　能发现并纠正幼儿的不良姿势,排除幼儿学习活动中的安全隐患,协助教师妥善处理学习活动中的各类突发事件 4-3-5　能规范记录幼儿学习活动保育工作过程,并通过深入反思不断改进
5. 幼儿行为观察与引导	5-1 外显偏差行为识别与应对	5-1-1　能根据观察目的,选取合适的观察方法,观察幼儿行为细节,填写观察记录表 5-1-2　能根据幼儿年龄及行为特点,初步识别幼儿攻击性行为,分析成因,并在保护幼儿自尊心的前提下,与同班教师和家长合作,弱化该行为 5-1-3　能根据幼儿年龄及行为特点,初步识别幼儿说谎行为,分析成因,并在保护幼儿自尊心的前提下,与同班教师和家长合作,弱化该行为 5-1-4　能根据幼儿年龄及行为特点,初步识别幼儿任性(发脾气)行为,分析成因,并在保护幼儿自尊心的前提下,与同班教师和家长合作,弱化该行为

工作领域	工作任务	职　业　能　力	
5. 幼儿行为观察与引导	5-1 外显偏差行为识别与应对	5-1-5	能根据幼儿年龄及行为特点,初步识别幼儿注意力分散行为,分析成因,并在保护幼儿自尊心的前提下,与同班教师和家长合作,弱化该行为
		5-1-6	能根据幼儿年龄及行为特点,初步识别幼儿独占行为,分析成因,并在保护幼儿自尊心的前提下,与同班教师和家长合作,弱化该行为
		5-1-7	能规范记录幼儿外显偏差行为识别与应对工作过程,并通过深入反思不断改进
	5-2 内隐偏差行为识别与应对	5-2-1	能根据幼儿年龄及行为特点,初步识别幼儿分离焦虑行为,分析成因,并在保护幼儿自尊心的前提下,与同班教师和家长合作,弱化该行为
		5-2-2	能根据幼儿年龄及行为特点,初步识别幼儿依赖性行为,分析成因,并在保护幼儿自尊心的前提下,与同班教师和家长合作,弱化该行为
		5-2-3	能根据幼儿年龄及行为特点,初步识别幼儿吸咬手指行为,分析成因,并在保护幼儿自尊心的前提下,与同班教师和家长合作,弱化该行为
		5-2-4	能根据幼儿年龄及行为特点,初步识别幼儿退缩行为,分析成因,并在保护幼儿自尊心的前提下,与同班教师和家长合作,弱化该行为
		5-2-5	能根据幼儿年龄及行为特点,初步识别幼儿选择性缄默行为,分析成因,并在保护幼儿自尊心的前提下,与同班教师和家长合作,弱化该行为
		5-2-6	能规范记录幼儿内隐偏差行为识别与应对工作过程,并通过深入反思不断改进
	5-3 情绪情感关注与回应	5-3-1	能敏锐觉察幼儿的情绪情感需要,并及时回应
		5-3-2	能根据幼儿年龄特点,引导幼儿表达自身的情绪情感,并对消极情感进行适时抚慰
		5-3-3	能根据幼儿年龄特点,引导幼儿觉察他人的情绪情感需要,体会他人的感受
		5-3-4	能规范记录幼儿情绪情感关注与回应工作过程,并通过深入反思不断改进

课程结构

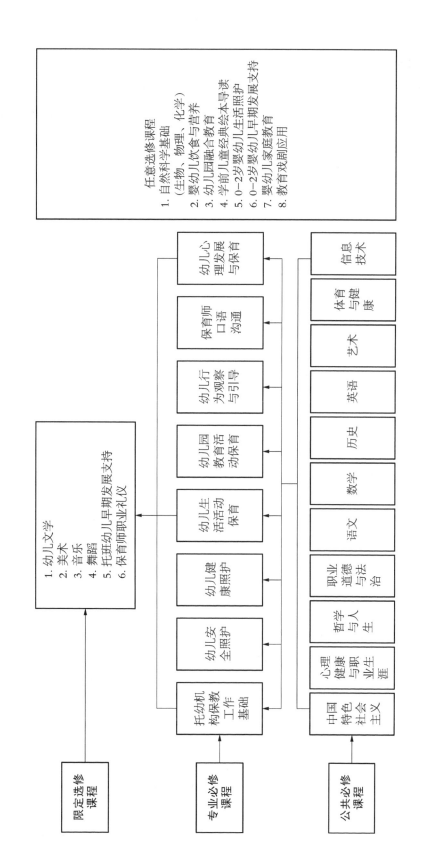

专业课程

序号	课程名称	主要教学内容与要求	技能考核项目与要求	参考学时
1	托幼机构保教工作基础	**主要教学内容:** 托幼机构概述、各年龄段幼儿身心特征、学前教育法规文件、托幼机构社会关系、托幼机构各类文书、托幼机构信息技术应用、学前教育发展趋势、保育人才生涯发展 **主要教学要求:** 通过学习,学生熟悉托幼机构的类型、保教任务与目标,理解不同保教岗位的职责,体会托幼机构的环境特点及价值,掌握一日生活各环节内容及工作要求;说出不同年龄段幼儿身心发展特点及促进幼儿全面发展的基本策略;陈述学前教育重要法规文件;说明托幼机构与家庭、社区、托育机构、小学的关系,懂得各类关系建构的价值;概述托幼机构文书类型及功能,简述信息技术在托幼机构的应用;简述学前教育发展趋势和保育人才生涯发展路径,树立职业理想,制定自身生涯发展规划		90
2	幼儿安全照护	**主要教学内容:** 幼儿常见急症(呼吸困难、鼻出血、惊厥、晕厥、过敏)的判断、应对与预防,幼儿意外伤害(小外伤、烫伤、烧伤、异物入体、骨关节肌肉受伤、被动物伤害、溺水)程度的判断、应对与预防,幼儿园重大突发事件(火灾、暴力伤害、冒领走失、性侵害)的应急处理与预防,幼儿的自我保护教育,与家长交流沟通,工作记录书写 **主要教学要求:** 通过学习,学生能初步判断幼儿常见急症、意外伤害程度;能结合患儿症状及情境,采取合理的应对措施及预防措施;能用恰当的语言抚慰患儿及家长,沟通相关事宜;能协助同班教师做好幼儿园重大突发事件的应急处理与预防工作;能对幼儿进行自我保护教育;能规范书写幼儿安全照护工作记录,并通过深入反思不断改进	**考核项目:** 惊厥的初步处理、挫伤的初步处理、鼻出血的初步处理、烫伤的初步处理、小外伤的初步处理、异物入体的初步处理、骨折的初步处理 **考核要求:** 达到保育师职业技能等级证书(四级)的相关要求	54

序号	课程名称	主要教学内容与要求	技能考核项目与要求	参考学时
3	幼儿健康照护	**主要教学内容：** 幼儿健康检查（体检、晨午检、全日健康观察等）与异常状况应对、幼儿体格（如身高/长、体重、头围、胸围等）监测与营养异常应对、幼儿常见病症（如发热、皮疹、咳嗽、呕吐、腹痛、排便异常、口腔异常及眼部、耳部、鼻部不适等）识别与应对、幼儿园常见传染病应急处理与综合预防 **主要教学要求：** 通过学习，学生能配合保健员、教师对幼儿进行健康检查；能辅助保健员对幼儿的体格发育进行测量；能初步识别幼儿常见病症，并正确应对；概述幼儿常见传染病的综合预防措施，并在保健员的指导下，配合教师做好幼儿常见传染病的应急处理（监测、报告、隔离、消毒等）；能辅助教师对幼儿进行卫生保健教育；能与健康异常的幼儿及其家长进行有效沟通；能规范书写幼儿健康照护工作记录，并通过深入反思不断改进	**考核项目：** 幼儿体格（身高/长、体重、头围、胸围）测量，幼儿营养不良的症状、预防及护理，幼儿缺铁性贫血的症状、预防及护理，幼儿单纯性肥胖的症状、预防及护理，晨间检查与全日观察及其异常状况应对要求，含氯消毒液的配制，幼儿体温、脉搏、呼吸测量 **考核要求：** 达到保育师职业技能等级证书（四级）的相关要求	72
4	幼儿生活活动保育	**主要教学内容：** 幼儿园一日生活安排与生活活动概述、幼儿进餐保育、幼儿饮水保育、幼儿睡眠保育、幼儿盥洗保育、幼儿如厕保育、幼儿来园离园保育 **主要教学要求：** 通过学习，学生能为幼儿创设良好的生活环境；能根据幼儿年龄特点，进行生活活动开展前的教育；能配合教师有效组织生活活动，培养幼儿良好生活习惯和独立生活能力；能细心观察幼儿行为，敏锐发现并适时劝阻不适宜的行为，及时排除安全隐患，妥善处理突发事件；能敏锐发现幼儿在生活活动中存在的各种问题，并根据幼儿身心发展的个体差异，有效做好个别教育工作与家长的沟通工作；能规范书写幼儿生活活动保育工作记录，并通过深入反思不断改进	**考核项目：** 幼儿进餐的保育护理、幼儿盥洗穿衣的保育护理、幼儿如厕的保育护理、幼儿睡眠的保育护理、防暑降温工作的实施、防寒保暖工作的实施、班内电器用品的保养、防暑降温及设施准备、防寒保暖及设施准备 **考核要求：** 达到保育师职业技能等级证书（四级）的相关要求	108

序号	课程名称	主要教学内容与要求	技能考核项目与要求	参考学时
5	幼儿园教育活动保育	**主要教学内容：** 幼儿园教育活动认知、幼儿园教育活动的安全与卫生、幼儿园运动（早操活动、户外区域活动、集体运动教学、特殊天气室内活动、运动会、远足）保育、幼儿园游戏（角色游戏、结构游戏、表演游戏、沙水游戏）活动保育、幼儿园学习活动（幼儿健康学习活动、幼儿语言学习活动、幼儿社会学习活动、幼儿科学学习活动、幼儿数学学习活动、幼儿美术学习活动、幼儿音乐学习活动、幼儿个别化学习活动）保育 **主要教学要求：** 通过学习，学生能创设安全、卫生、整洁的活动环境，协助教师准备支持幼儿发展的活动材料；能根据气温和活动内容，做好幼儿活动前的生活准备；能观察活动中幼儿的体征与表现，尤其是特殊儿童的体征与表现，并进行相应护理；能协助教师指导幼儿参加活动，培养幼儿良好的活动习惯和活动兴趣；能及时发现和排除幼儿活动时的不安全因素，并协助教师处理各类突发事件；能做好活动后对幼儿的观察与护理工作，并指导幼儿做好活动后物品、器械的收整工作；能配合同班教师结合幼儿活动中的表现与家长有效沟通，做好家园共育；能规范书写幼儿园教育活动保育工作记录，并通过深入反思不断改进	**考核项目：** 运动中体弱儿、肥胖儿的保育护理，观察幼儿在户外活动中的反应状况，户外活动的准备，活动中的保育及收整工作，运动器械的保管，娃娃家活动、活动性游戏的准备工作，玩沙、玩水活动设备的准备和收整工作，美工活动的准备工作，阅读活动的准备工作，音乐活动的准备工作 **考核要求：** 达到保育师职业技能等级证书（四级）的相关要求	90
6	幼儿行为观察与引导	**主要教学内容：** 幼儿行为观察概述，观察幼儿的一般方法，幼儿行为观察记录的书写，幼儿外显偏差行为〔攻击性行为、说谎行为、任性（发脾气）行为、注意力分散行为、独占行为〕及内隐偏差行为（分离焦虑、依赖性行为、吸咬手指行为、退缩行为、选择性缄默行为）的表现、形成原因及应对策略，与偏差行为幼儿家长沟通的一般方法，幼儿情绪情感的适宜表达方式，抚慰幼儿消极情感的策略 **主要教学要求：** 通过学习，学生能介绍行为观察的内涵；能根据幼儿年龄特征及行为表现，初步识别和应对幼儿外显偏差行为及内隐偏差行为；能敏锐觉察幼	**考核项目：** 幼儿攻击性行为的保育、幼儿爱哭行为的保育 **考核要求：** 达到保育师职业技能等级证书（四级）的相关要求	54

（续表）

序号	课程名称	主要教学内容与要求	技能考核项目与要求	参考学时
6	幼儿行为观察与引导	儿的情绪情感需要,并及时回应;能正确看待托班幼儿身心发展中的偏差行为,并正确应对;能根据幼儿年龄特点,引导幼儿表达自身的情绪情感,并对消极情感进行适时抚慰;能根据幼儿年龄特点,引导幼儿觉察他人的情绪情感需要,体会他人的感受;能与存在偏差行为及消极情感幼儿的家长进行有效沟通;能规范书写幼儿偏差行为识别与应对工作记录,并通过深入反思不断改进		
7	保育师口语沟通	**主要教学内容:** 保育师口语沟通概述、口语沟通基本原则与常见策略、与幼儿沟通(不同年龄、不同气质、特殊情境下)、与家长沟通(不同性格、不同辈分、特殊情境下)、与同事沟通(不同个性、不同情境下) **主要教学要求:** 通过学习,学生理解保育师口语沟通的内涵与意义;掌握保育师口语沟通的基本特点和基本要求,理解保育师口语使用的基本原则;能根据具体的保育工作内容和情境,恰当使用沟通语言;能在尊重幼儿个体差异的情况下,与不同幼儿有效沟通;能根据保育工作内容及家长特点,使用恰当的沟通语言和家长进行有效沟通;能和不同类型的同事进行有效沟通;能收集保育师口语沟通的典型案例,并通过深入反思不断改进		54
8	幼儿心理发展与保育	**主要教学内容:** 幼儿认知(注意、记忆、想象、思维)发展特点与保育要点、幼儿情绪情感发展特点与保育要点、幼儿语言发展特点与保育要点、幼儿个性发展特点与保育要点、幼儿社会性发展特点与保育要点 **主要教学要求:** 通过学习,学生能介绍认知、情绪情感、语言、个性及社会性的基本含义与种类;能根据案例中幼儿的表现,分析幼儿认知、情绪情感、语言、个性及社会性发展的特点,并为其选择恰当的保育措施;能根据案例情境,初步分析保育师行为对幼儿心理发展的影响		54

（续表）

序号	课程名称	主要教学内容与要求	技能考核项目与要求	参考学时
9	幼儿文学	**主要教学内容：** 幼儿文学概述（内涵、特征、体裁分类），诗歌、故事、童话、寓言、散文、幼儿戏剧等各类幼儿文学作品的赏析及朗诵 **主要教学要求：** 通过学习和训练，学生能概述各类幼儿文学作品的内涵，懂得幼儿文学作品对幼儿身心发展、传承中国传统文化、培养幼儿文化自信的独特价值，初步具备对幼儿文学作品的审美情趣；能区分各类文学作品的体裁，初步分析各文学作品的主题及其对幼儿的教育价值；能根据幼儿的年龄特点及保教目标选择相应的幼儿文学作品、图书、图片，并较为生动地演绎	**考核项目：** 朗读儿歌、讲幼儿故事、为不同年龄幼儿选择图书 **考核要求：** 达到保育师职业技能等级证书（四级）的相关要求	54
10	美术	**主要教学内容：** 幼儿美术概述（幼儿美术作品欣赏，幼儿美术内涵、特征与价值）、幼儿简笔画欣赏与表现、幼儿纸工欣赏与表现、幼儿泥工欣赏与表现、幼儿玩教具欣赏与制作、塑料结构玩具造型欣赏与拼搭 **主要教学要求：** 通过学习和训练，学生懂得美术对幼儿身心发展、传承中国传统文化、培养幼儿文化自信的独特价值，初步具备对幼儿美术的审美情趣；熟悉幼儿美术的基本特点与基本艺术表现手法；能初步鉴赏幼儿美术作品；初步掌握幼儿园简笔画、幼儿园手工（纸工、泥工、塑料结构玩具拼搭等）的基本特点、常用表现手法，并具备基本表现技能；能配合教师制作幼儿游戏与教育教学需要和符合幼儿审美需求的玩教具；能辅助教师开展与幼儿美术相关的活动	**考核项目：** 简笔画（水果、蔬菜、娃娃脸、小动物、日常生活用品、花草树），泥工（小鸡、小鸭、小兔、乌龟、沙发），纸工（青蛙、金鱼、提包、鸟、皮球、篷船），利用绳、布、纸自制玩教具，用塑料花片或插塑、胶粒拼搭结构玩具 **考核要求：** 达到保育师职业技能等级证书（四级）的相关要求	126
11	音乐	**主要教学内容：** 幼儿音乐概述（识谱，幼儿音乐作品欣赏，幼儿音乐内涵、特征与价值）、幼儿歌曲赏析与演唱、幼儿乐曲赏析与弹奏（钢琴）、幼儿歌曲边弹边唱 **主要教学要求：** 通过学习和训练，学生懂得音乐对幼儿身心发展、传承中国传统文化、培养幼儿文化自信的独特价值，初步具备对幼儿音乐的审美情趣；熟悉幼儿音乐的基本特点与基本艺术表现手法；能初步鉴赏幼儿音乐作品的风格、主题及其对幼儿的教育价值；掌握幼儿歌曲弹唱的基本知识，并具备弹唱幼儿歌曲的基本技能；能辅助教师开展与幼儿音乐相关的活动	**考核项目：** 视唱幼儿歌曲、自弹自唱幼儿歌曲《小鸟醒来了》《春天》 **考核要求：** 达到保育师职业技能等级证书（四级）的相关要求	108

（续表）

序号	课程名称	主要教学内容与要求	技能考核项目与要求	参考学时
12	舞蹈	**主要教学内容：** 形体训练、幼儿舞蹈概述（幼儿舞蹈作品欣赏，幼儿舞蹈内涵、特征与价值）、各类幼儿舞蹈（律动、表演唱、表演舞蹈、音乐游戏、集体舞）赏析与表演 **主要教学要求：** 通过学习和训练，学生懂得舞蹈对幼儿身心发展、传承中国传统文化、培养幼儿文化自信的独特价值，初步具备对幼儿舞蹈的审美情趣；熟悉幼儿舞蹈的基本特点与基本艺术表现手法；能初步分析幼儿舞蹈的种类、特点、主题，并较有童趣地表现，同时形成身体直立感，动作协调、灵活，身体较柔韧	**考核项目：** 幼儿基本舞步、幼儿模仿操 **考核要求：** 达到保育师职业技能等级证书（四级）的相关要求	90
13	保育师职业礼仪	**主要教学内容：** 礼仪概述，保育师职业形象礼仪，托幼机构一日活动礼仪、大型活动礼仪、人际沟通礼仪，日常社交礼仪，求职面试礼仪，新入职礼仪 **主要教学要求：** 通过学习，学生掌握保育师礼仪基础知识，懂得礼仪对做好保育工作的重要价值；能自觉维护保育师职业形象；能在幼儿园一日活动、大型活动、师幼沟通、家园沟通、同事沟通与社区沟通以及日常社交、求职面试、就业入职中规范自己的言行举止，养成良好的礼仪行为习惯		36
14	托班幼儿早期发展支持	**主要教学内容：** 托班早期发展环境创设，托班幼儿动作发展与支持、语言发展与支持、认知发展与支持、情感及社会性发展与支持，家园共育 **主要教学要求：** 通过学习，学生能介绍不同托班幼儿动作、语言、认知、情感及社会性发展的特点，列举促进托班幼儿动作、语言、认知、情感及社会性发展的途径与方法；能识别和回应托班幼儿的基本情绪反应；能配合主班教师根据托班幼儿身心发展特点、保教目标与园所实际开展游戏活动，促进托班幼儿在动作、语言、认知、情感及社会性方面的发展；能填写活动观察记录，配合主班教师与托班幼儿家长进行家园共育沟通		36

指导性教学安排

1. 指导性教学安排

课程分类		课程名称	总学时	学分	各学期周数、学时分配					
					1	2	3	4	5	6
					18周	18周	18周	18周	18周	20周
必修课程	公共必修课程	思想政治 中国特色社会主义	36	2	2					岗位实习
		心理健康与职业生涯	36	2		2				
		哲学与人生	36	2			2			
		职业道德与法治	36	2				2		
		语文	216	12	4	4	4			
		数学	216	12	4	4	4			
		英语	216	12	4	4	4			
		信息技术	108	6			3	3		
		体育与健康	180	10	2	2	2	2	2	
		历史	72	4			2	2		
		艺术	36	2	1	1				
		小计	1188	66	17	22	21	4	2	
	专业必修课程	托幼机构保教工作基础	90	5	5					
		幼儿安全照护	54	3			3			
		幼儿健康照护	72	4				4		
		幼儿生活活动保育	108	6				6		
		幼儿园教育活动保育	90	5					5	
		幼儿行为观察与引导	54	3				3		
		保育师口语沟通	54	3				3		
		幼儿心理发展与保育	54	3					3	
		小计	576	32	5	3	4	12	8	

(续表)

课程分类	课程名称	总学时	学分	各学期周数、学时分配					
				1	2	3	4	5	6
				18周	18周	18周	18周	18周	20周
限定选修课程	幼儿文学	54	3			3			岗位实习
	美术	126	7	1	1	1	2	2	
	音乐	108	6	1	1	1	1	2	
	舞蹈	90	5	1	1	1	1	1	
	保育师职业礼仪	36	2				2		
	托班幼儿早期发展支持	36	2					2	
	小计	450	25	3	3	6	6	7	
任意选修课程	其他课程	306	17				6	11	
岗位实习		600	20	由各校自主安排					30
合计		3120	160	28	28	28	28	28	30

2. 关于指导性教学安排的说明

(1) 本教学安排是三年制指导性教学安排。每学年为52周,其中教学时间40周(每学期有效教学时间18周),周有效学时数为28—30学时,岗位实习一般按每周30小时(1小时折合1学时)安排,三年总学时数约为3000—3300学时。

(2) 实行学分制的学校一般按16—18学时为1学分进行换算,三年制总学分不得少于170。军训、社会实践、入学教育、毕业教育等活动以1周为1学分,共5学分。

(3) 公共必修课程的学时数一般占总学时数的三分之一,不低于1000学时。公共必修课程中的思想政治、语文、数学、英语、信息技术、体育与健康、历史和艺术等课程,严格按照教育部和上海市教育委员会颁布的相关学科课程标准实施教学。除了教育部和上海市教委规定的必修课程之外,各校可根据学生专业学习需要,开设相关课程的选修模块或其他公共基础选修课程。

(4) 专业课程的学时数一般占总学时数的三分之二,其中岗位实习原则上安排一学期。要认真落实教育部等八部门印发的《职业学校学生实习管理规定》,在确保学生实习总量的前提下,学校可根据实际需要集中或分阶段安排实习时间。

(5) 选修课程占总学时数的比例不少于10%,由各校根据专业培养目标,自主开设专业特色课程。

(6) 学校可根据需要对课时比例作适当的调整。实行弹性学制的学校(专业)可根据实际情况安排教学活动的时间。

(7) 学校以实习实训课为主要载体开展劳动教育,其中劳动精神、劳模精神、工匠精神专题教育不少于16学时。

专业教师任职资格

1. 具有中等职业学校教师资格及以上教师资格证书。

2. 具有本专业相关职业资格证书或职业技能等级证书(三级及以上)。

3. 专业教师应根据教育部和上海市教委的相关要求,定期参加企业实践。

实训(实验)装备

1. 幼儿生活保育实训室

功能:适用于幼儿生活保育实训教学、幼儿园环境创设实训教学等。

主要设备装备标准(按一个标准班40人配置):

序号	设 备 名 称	用 途	单位	基本配置	适用范围(职业技能训练项目)
1	演示桌	讲解演示	张	1	来园接待、进餐保育、饮水保育、睡眠保育、盥洗保育、如厕保育、离园保育、幼儿园环境创设等的模拟实训,也可用于保育师(初级)、保育师(中级)、保育师(高级)职业技能鉴定"生活管理"与"设备用具及物品保管"部分的考核,还可用于保育师的社会培训等
2	可视化信息教学系统(数字化操作台、智慧黑板、实训过程采集分析系统、互动教学系统、音响系统等)	信息技术教学	套	1	
3	笔记本电脑	小组合作自主学习	台	8	
4	Pad	学生自主学习	台	40	
5	笔记本电脑及Pad充电箱	笔记本电脑及Pad充电	台	1	
6	操作台(可移动)/椅(每桌5张)	生活照护实训操作	套	8	
7	幼儿园用桌/椅(每桌5张)(定制,规格接近成人)	生活保育理论学习 生活保育实践操作	套	8	

(续表)

序号	设 备 名 称	用 途	单位	基本配置	适用范围(职业技能训练项目)
8	可移动磁性小白板	小组展示	块	8	
9	书包架、带抽屉的幼儿用柜子	来园、离园保育模拟实训	套	1	
10	幼儿餐具(碗、碟、筷、勺等)、模拟食物(荤菜、素菜、水果)	进餐保育模拟实训	套	40	
11	餐桶(饭菜)、分餐工具(饭勺、汤勺、菜夹)、餐车	进餐保育模拟实训	套	8	
12	饮水用具(饮水桶、饮水杯、饮水架、茶壶)	饮水保育模拟实训	套	8	来园接待、进餐保育、饮水保育、睡眠保育、盥洗保育、如厕保育、离园保育、幼儿园环境创设等的模拟实训,也可用于保育师(初级)、保育师(中级)、保育师(高级)职业技能鉴定"生活管理"与"设备用具及物品保管"部分的考核,还可用于保育师的社会培训等
13	幼儿床及床上用品	睡眠保育模拟实训	套	20	
14	仿真娃娃及其衣裤(开衫、套头衫)、帽子、袜子、鞋子等	睡眠照护模拟实训	套	20	
15	模拟幼儿洗澡盆(含娃娃及模拟洗澡用品)	盥洗保育实训	套	8	
16	浴巾	盥洗保育实训	条	8	
17	小方巾	盥洗保育实训	条	40	
18	毛巾架(可挂50条毛巾)	盥洗保育实训	个	1	
19	幼儿坐便器及如厕用品(厕纸、洗手液、擦手毛巾、毛巾袋等)	如厕保育模拟实训	套	8	
20	塑料篮子	存放操作材料	只	24	
21	洗手池	盥洗保育实训	个	8	
22	清洁消毒工具、用品〔搅拌棒、不同规格的量杯、消毒泡腾片、塑料盆、带盖塑料水桶(5升、10升各一只)、清洁毛巾(3条)、塑胶手套等〕	清洁消毒模拟实训	套	10	

(续表)

序号	设 备 名 称	用 途	单位	基本配置	适用范围（职业技能训练项目）
23	幼儿园用消毒柜（蒸汽、紫外线）	清洁消毒模拟实训	套	1	
24	洗衣烘干一体机	清洁实训物品	台	1	
25	储物箱	存放实训材料	个	8	
26	资料柜	存放教学资料	个	2	
27	储物柜	存放实训材料	个	8	

2. 幼儿卫生保健实训室

功能：适用于幼儿日常健康照护实训教学、幼儿安全照护实训教学、托幼机构传染病应急处理模拟实训等。

主要设备装备标准（以一个标准班 40 人配置）：

序号	设 备 名 称	用 途	单位	基本配置	适用范围（职业技能训练项目）
1	演示桌	讲解演示	张	1	幼儿体格测量、服药护理，幼儿园晨间检查、全日观察，幼儿常见病症识别与应对、意外伤害与急症救助，托幼机构清洁卫生及消毒隔离等的模拟实训，也可用于保育师（初级）、保育师（中级）、保育师（高级）职业技能鉴定"卫生保健"部分的考核，还可用于保育师的社会培训等
2	可视化信息教学系统（数字化操作台、智慧黑板、实训过程采集分析系统、互动教学系统、音响系统等）	信息技术教学	套	1	
3	笔记本电脑	小组合作自主学习	台	8	
4	Pad	学生自主学习	台	40	
5	笔记本电脑及 Pad 充电箱	笔记本电脑及 Pad 充电	台	1	
6	操作台（可移动）/椅（每桌 5 张）	卫生保健实训操作	套	8	
7	可移动磁性小白板	小组展示	块	8	
8	水池	清洁消毒实训	个	8	

（续表）

序号	设 备 名 称	用 途	单位	基本配置	适用范围（职业技能训练项目）
9	人体各部位生理解剖模型〔头颈躯干、骨骼附关节韧带和肌肉起止着色、血液循环、肺循环、高级牙护理保健、咽喉肌壁、眼球解剖放大、皮肤立体结构、耳（外、中、内）解剖放大、呼吸系统、消化系统、泌尿系统及鼻子〕	讲解演示人体各器官的构造和各系统的工作原理	套	1	幼儿体格测量、服药护理，幼儿园晨间检查、全日观察，幼儿常见病症识别与应对、意外伤害与急症救助，托幼机构清洁卫生及消毒隔离等的模拟实训，也可用于保育师（初级）、保育师（中级）、保育师（高级）职业技能鉴定"卫生保健"部分的考核，还可用于保育师的社会培训等
10	硬塑料娃娃（头颈可转动，手臂和腿可动，衣裤可脱）	生长发育监测模拟操作	个	20	
11	立式身高测量板	测量身高实训	台	8	
12	体重秤	测量体重实训	台	8	
13	卧式身高测量板	测量身长实训	台	8	
14	软皮尺（最小规格为毫米）	测量头围胸围实训	根	20	
15	音叉	测量听觉实训	个	4	
16	学前儿童对数视力表灯箱	测量视力实训	只	2	
17	晨检材料〔体温表（口表、肛表、额温枪）、压舌板、手电筒、外用药（红药水、双氧水、生理盐水、碘伏、烫伤膏）、敷料（纱布、棉球、棉签、护创膏）、酒精棉、免洗洗手液、晨检牌（红、黄、绿）、不锈钢器械（弯盘、方盘、纱布棉球缸）、不锈钢消毒盒、不锈钢晨检车〕	晨间检查实训	套	8	
18	配制消毒液材料（不同规格的量杯、液体消毒原液、固体消毒片、测氯试纸、塑胶手套、搅拌棒、托盘、不同规格的针筒）、空气消毒材料（压力喷雾器、呕吐物消毒包等）	消毒实训	套	8	
19	幼儿服药材料（儿童药杯、药勺、常用药片、糖浆、眼药水、眼药膏）	喂药实训	套	8	

（续表）

序号	设 备 名 称	用 途	单位	基本配置	适用范围（职业技能训练项目）
20	国家标准急救包	意外伤害急救实训	套	20	幼儿体格测量、服药护理，幼儿园晨间检查、全日观察，幼儿常见病症识别与应对、意外伤害与急症救助，托幼机构清洁卫生及消毒隔离等的模拟实训，也可用于保育师（初级）、保育师（中级）、保育师（高级）职业技能鉴定"卫生保健"部分的考核，还可用于保育师的社会培训等
21	心肺复苏模型及塑胶垫	心肺复苏实训	套	8	
22	急性气道梗阻急救模型	海姆立克急救实训	个	8	
23	幼儿园膳食配餐营养计算分析软件	编制与分析幼儿带量食谱	套	1	
24	膳食宝塔模型	膳食分析实训	个	8	
25	塑料篮子	存放操作材料	只	16	
26	紫外线消毒灯、医用消毒柜	消毒实训	套	1	
27	资料柜	存放学习资料	个	2	
28	储物柜	存放实训材料	个	8	
29	模拟食物（蔬果、面食、荤菜、豆类及制品等）	照护营养性疾病实训	套	8	

3. 幼儿园教育活动保育实训室

功能：适用于幼儿园教育活动保育实训教学、幼儿行为观察与引导实训教学、幼儿园环境创设实训教学、保育师口语沟通实例教学等。

主要设备装备标准（以一个标准班 40 人配置）：

序号	设 备 名 称	用 途	单位	基本配置	适用范围（职业技能训练项目）
1	演示桌	讲解演示	张	1	
2	可视化信息教学系统（数字化操作台、智慧黑板、实训过程采集分析系统、互动教学系统、音响系统等）	信息技术教学	套	1	

（续表）

序号	设 备 名 称	用 途	单位	基本配置	适用范围（职业技能训练项目）
3	笔记本电脑	小组合作自主学习	台	8	托幼机构学习活动环境创设、个别化学习活动支持、幼儿游戏活动环境创设与游戏活动支持、幼儿运动环境创设与运动支持及保护、托班幼儿早期学习支持等的模拟实训，也可用于保育师（初级）、保育师（中级）、保育师（高级）职业技能鉴定"配合教育活动"部分的考核，还可用于保育师的社会培训等
4	Pad	学生自主学习	台	40	
5	笔记本电脑及 Pad 充电箱	笔记本电脑及 Pad 充电	台	1	
6	幼儿园用桌/椅（每桌 5 张）（定制，规格接近成人）	教育活动保育理论学习 教育活动保育实践操作	套	8	
7	可移动磁性小白板	小组展示	块	8	
8	娃娃家游戏材料（娃娃类、家具类、用品类，如不同种族的、可穿脱衣服的娃娃，娃娃床，梳妆台，炊具，餐具，床上用品，橱柜，冰箱，日常生活用品）	娃娃家游戏区材料投放与整理实训	套	1	
9	科学游戏材料〔玩具包括声、光、电、磁、力、机械和环境，如共振鼓、潜望镜、电路玩具、磁游戏盒、惯性玩具、齿轮玩具、生物可降解观察器；工具包括信息类和操作类，如地球仪、工作书、日历（必备）、计数材料（必备）、培养皿、试管；材料包括自然物、探究物和模型，如鱼虫、花草、金属丝、绝缘体、人体模型、各种标本等〕	科学区材料投放与整理实训	套	1	
10	结构游戏材料（搭建类积木包括地面软体、地面空心、地面实心、桌面硬体等积木，形状、大小、材质各异；插装积木包括嵌接类、插接类、链接类、扣接类、磁接类、组装类积木）	建构区材料投放与整理实训	套	1	
11	益智游戏材料（包括阅读类、棋牌类、镶嵌类、套叠类、穿编类、配对类玩具材料）	益智区材料投放与整理实训	套	1	

(续表)

序号	设 备 名 称	用 途	单位	基本配置	适用范围（职业技能训练项目）
12	表演游戏材料（包括奥尔夫打击乐器和表演道具）	表演区材料投放与整理实训	套	1	托幼机构学习活动环境创设、个别化学习活动支持、幼儿游戏活动环境创设与游戏活动支持、幼儿运动环境创设与运动支持及保护、托班幼儿早期学习支持等的模拟实训，也可用于保育师（初级）、保育师（中级）、保育师（高级）职业技能鉴定"配合教育活动"部分的考核，还可用于保育师的社会培训等
13	美劳游戏材料（包括绘画类和手工制作类）	美劳区材料投放与整理实训	套	1	
14	幼儿绘本（幼儿园各年龄班、各教育内容、各类型图书）	幼儿绘本阅读、环境整理实训	本	80	
15	教具架	摆放各种学具、教学材料	组	15	
16	图书架	摆放图书	组	4	
17	移动美工柜	收纳幼儿美工实训用品	组	1	
18	塑胶地垫	玩具操作	块	30	
19	钢琴或电钢琴	幼儿园教育活动辅助实训	架	1	

4. 语音实训室

功能：适用于幼儿教师口语沟通技巧、幼儿文学表达与欣赏实训、英语(听力与口语)训练等。

主要设备装备标准(以一个标准班40人配置)：

序号	设 备 名 称	用 途	单位	基本配置	适用范围（职业技能训练项目）
1	可视化信息教学系统（数字化操作台、智慧黑板、实训过程采集分析系统、互动教学系统、音响系统等）	信息技术教学	套	1	普通话训练、英语口语训练、幼儿文学作品演绎训练，也可用于保教人员的社会培训等

(续表)

序号	设 备 名 称	用 途	单位	基本配置	适用范围（职业技能训练项目）
2	语音学习桌/椅（含显示屏、耳麦）	语音训练	套	40	普通话训练、英语口语训练、幼儿文学作品演绎训练，也可用于保教人员的社会培训等
3	表演台	表演、展示	平方米	24	
4	普通话模拟测试与学习系统	普通话等级模拟测试与练习	套	1	
5	英语学习系统	英语听力与口语训练	套	1	
6	幼儿文学作品可视化系统	幼儿文学作品朗读训练	套	1	
7	图书	幼儿文学作品阅读赏析	套	40	
8	图书架	摆放图书	组	4	

5. 美术实训室

功能：适用于美术、公共艺术（美术）等课程实训教学，也可用于社团活动、保育师的社会培训等。

主要设备装备标准（以一个标准班40人配置）：

序号	设 备 名 称	用 途	单位	基本配置	适用范围（职业技能训练项目）
1	美工演示桌	讲解示范	张	1	美术作品欣赏、绘画技能训练、手工技能训练、玩教具制作练习、幼儿园环境布置练习等，也可用于保育师（初级）、保育师（中级）、保育师（高级）职业技能鉴定"配合教育活动"部分的考核，还可用于保育师的社会培训等
2	可视化信息教学系统（数字化操作台、智慧黑板、实训过程采集分析系统、互动教学系统、音响系统等）	信息技术教学	套	1	
3	笔记本电脑	小组合作自主学习	台	8	
4	Pad	信息化教学	台	40	
5	笔记本电脑及Pad充电箱	笔记本电脑及Pad充电	台	1	
6	可移动磁性小白板	小组展示	块	8	

（续表）

序号	设 备 名 称	用 途	单位	基本配置	适用范围（职业技能训练项目）
7	美工桌/椅（每桌5张）	绘画练习、手工制作练习、玩教具制作练习等	套	8	美术作品欣赏、绘画技能训练、手工技能训练、玩教具制作练习、幼儿园环境布置练习等，也可用于保育师（初级）、保育师（中级）、保育师（高级）职业技能鉴定"配合教育活动"部分的考核，还可用于保育师的社会培训等
8	彩色打印机	美工作品打印	台	1	
9	数字化美术教学软件	信息化美术教学	个	1	
10	美术欣赏多媒体软件	信息化美术教学	个	1	
11	水槽（配8个水龙头）	清洗美术工具材料	套	1	
12	静物写生材料、用具、写生台、写生灯等	绘画练习	套	8	
13	绘画工具包（包括各类画笔，如硬笔、软笔、水彩笔、勾线笔、记号笔、蜡笔，刮刀，水粉颜料，调色碟等）	绘画示范	套	2	
14	手工工具包（工具齐全，含硬笔、软笔、水彩笔、直尺、卷尺、美工刀、刻刀、剪刀、胶水、胶枪、胶棒、切割垫板等）	手工制作示范	套	2	
15	毛巾	清洁桌椅、擦手	条	20	
16	毛巾架	挂放毛巾	个	1	
17	储物箱	存放美术工具	个	8	
18	展示柜	展示美术作品	个	8	
19	资料柜	存放美术资料	个	2	
20	储物柜	存放美术材料	个	8	

6. 音乐实训室

功能：适用于音乐、公共艺术（音乐）等课程实训教学。

主要设备装备标准（以一个标准班40人配置）：

序号	设 备 名 称	用 途	单位	基本配置	适用范围（职业技能训练项目）
1	表演台	讲解示范、展示表演	平方米	24	音乐欣赏、幼儿歌曲弹唱、声乐、视唱等的实训教学，也可用于课外练习、社团活动、合唱排练等，还可用于保育师（初级）、保育师（中级）、保育师（高级）职业技能鉴定"配合教育活动"部分的考核
2	可视化信息教学系统（数字化操作台、智慧黑板、实训过程采集分析系统、互动教学系统）	信息技术教学	套	1	
3	Pad	学生自主学习	台	40	
4	Pad 充电箱	Pad 充电	台	1	
5	音响系统	播放音乐作品、音乐伴奏等	套	1	
6	数字化音乐教学系统	信息化教学	套	1	
7	数字化音乐教学软件	信息化教学	套	1	
8	显示屏（学生端）	观看教师示范、自主学习	台	40	
9	显示屏（教师端）	教师演示、检测学生学习情况	台	1	
10	电钢琴（含琴凳）	学生弹唱练习	架	40	
11	钢琴（含琴凳）	教师示范演奏、歌唱伴奏、学生回课	架	1	
12	节拍器	稳定学生节奏	个	1	
13	谱架	放置乐谱	个	2	
14	打击乐器	伴奏、节奏练习	套	1	
15	抽拉式合唱台阶	合唱排练	组	4	
16	资料柜	存放音乐资料	个	2	
17	乐器柜	存放乐器	个	2	

7. 舞蹈实训室

功能：适用于舞蹈、保育师职业礼仪、公共艺术（音乐）等课程实训教学。

主要设备装备标准（以一个标准班 40 人配置）：

序号	设 备 名 称	用 途	单位	基本配置	适用范围（职业技能训练项目）
1	表演台	讲解示范、展示表演	平方米	24	舞蹈欣赏、形体训练、舞蹈训练等，也可用于舞蹈课外练习、舞蹈排练、礼仪训练、社团活动、保育师的社会培训等，还可用于保育师（初级）、保育师（中级）、保育师（高级）职业技能鉴定"配合教育活动"部分的考核
2	可视化信息教学系统（一体机、实训过程采集分析系统、互动教学系统）	信息技术教学	套	1	
3	Pad	学生自主学习	台	40	
4	Pad 充电箱	Pad 充电	台	1	
5	音响系统（含耳麦）	播放舞蹈音乐（扩音）	套	1	
6	数字化舞蹈教学系统	信息化教学	套	1	
7	数字化舞蹈教学软件	信息化教学	套	1	
8	钢琴（含琴凳）	舞蹈音乐伴奏	架	1	
9	木地板	使舞蹈实训室地面更有弹性	平方米	200	
10	地胶	防滑、增加弹性	平方米	200	
11	把杆	辅助舞蹈基本功练习	组	6	
12	全身镜	辅助形体及舞蹈动作学习和纠正	面	3	
13	更衣柜（上下层）	存放师生衣服、鞋帽与包等随身用品	个	20	
14	服装道具柜	存放舞蹈服装、道具	个	4	
15	多功能凳	师生课间或排练休息时的座椅，也可作为舞蹈、礼仪表演等的道具	张	40	

注：

（1）实训室的划分和装备标准参照教育部《中等职业学校幼儿保育专业实训教学条件建设标准》，结合本标准的课程内容实际配置，内容涵盖所有专业核心课程和专业（技能）方向课程的实训需要。

（2）实训设备数是为满足40人／班同时进行实训教学需要配备的。在保证达成实训教学目标的前提下，各学校可根据本专业的班级人数、班级数以及教学模式，对实训室、实训设备品种与数量进行合理安排。

（3）实训室设计要贴近托幼机构工作实际，尽量创设真实的实践工作环境，有利于教学过程与托幼机构保育工作过程的对接。

第二部分

上海市中等职业学校 幼儿保育专业课程标准

托幼机构保教工作基础课程标准

课程名称

托幼机构保教工作基础

适用专业

中等职业学校幼儿保育专业

一、课程性质

本课程是中等职业学校幼儿保育专业的一门专业核心课程,也是一门专业必修课程。其功能是使学生初步掌握托幼机构保教工作的相关知识,形成对托幼机构保教工作的基本认知。本课程是幼儿保育专业的入门课程,可为后续其他专业课程的学习奠定基础。

二、设计思路

本课程参照《保育员国家职业技能标准(2019 年版)》、上海市保育师(五级、四级)职业技能鉴定考核的相关要求,以托幼机构保育师入职时必须掌握的对保教工作的基本认知要求为依据而设置。

课程内容紧紧围绕托幼机构保育师应具备的对职业的认知知识,同时充分考虑本课程与其他专业课程的衔接,选取了托幼机构种类与功能及保教工作任务、目标、内容、环境、岗位、工作对象、法律法规、社会关系、文案、生涯发展等方面的内容。

课程内容组织按照学生认知规律,以托幼机构保教工作涉及的基本内容为线索,遵循由表及里、由易到难的原则,设有认知托幼机构、认知保教工作对象、认知学前教育法规文件、认知托幼机构社会关系构建与衔接、认知保教工作文书与信息技术应用、认知学前教育行业发展趋势与保育人才生涯发展6个学习主题。

本课程建议课时为90学时。

三、课程目标

通过本课程的学习,学生初步了解托幼机构保教工作相关的方针政策、法规文件,初步掌握托幼机构保教工作及其工作岗位、工作环境、工作基本任务与要求、工作主要内容与方法、工作组织、工作对象、工作关系建构、工作文书、工作手段与工具等方面的基本知识,初步形成对托幼机构的整体认知,初步树立正确的儿童观、保教观,能根据学前教育发展形势与自身特点进行自我职业发展规划,具体达成以下职业素养和职业能力目标。

(一)职业素养目标

- 认同托幼机构保教工作对幼儿健康成长、家庭幸福、国家富强的重要意义,坚定理想信念,初步具有做好保教工作的责任感、使命感。
- 热爱幼儿,乐于观察研究幼儿,形成保护幼儿、服务幼儿优先发展的思想意识。
- 初步形成保教结合、促进幼儿身心全面和谐发展的思想意识。
- 初步养成认真细心、钻研探索、反思进取的学习习惯,增强合作意识、人文意识等。

(二)职业能力目标

- 能根据托幼机构的环境,区分托育机构与幼儿园。
- 能根据一定的保教工作情境,分辨不同保教岗位。
- 能根据一定的保教工作内容,分辨一日活动各环节。
- 能根据婴幼儿的行为特征,借助行为评价表,初步判断婴幼儿的大致年龄。
- 能依据托幼机构常用法规的有关规定,初步判断托幼机构相关工作的合规性。
- 能根据幼儿园具体情境,提出恰当的与家长或社区沟通的途径与形式。
- 能设计自身的生涯发展规划。

四、课程内容与要求

学习主题	学习内容	学习要求	参考学时
1. 认知托幼机构	1. 托幼机构种类与功能	● 陈述托幼机构的定义 ● 说明托幼机构的种类及其社会功能 ● 介绍托幼机构保教工作的内涵及其对学前儿童成长的价值	22

（续表）

学习主题	学习内容	学　习　要　求	参考学时
1. 认知托幼机构	2. 托幼机构工作任务、目标	<ul><li>复述幼儿园的工作任务</li><li>介绍幼儿园的保教目标</li><li>陈述早教机构、托育机构的工作任务</li><li>介绍早教机构、托育机构的保教目标</li><li>梳理幼儿园、早教机构、托育机构在服务对象、社会功能、保教任务和目标上的区别</li></ul>	
	3. 托幼机构环境	<ul><li>说明托幼机构环境的含义</li><li>描述托幼机构环境的特点</li><li>介绍托幼机构环境对婴幼儿成长的重要影响</li><li>能根据幼儿园与托育机构的不同环境特点，辨别幼儿园与托育园</li></ul>	
	4. 托幼机构保教工作岗位	<ul><li>辨别托幼机构不同工作岗位</li><li>简述不同工作岗位的基本职责</li><li>概述幼儿教师、保育师、保健员、育婴员的基本素质要求</li></ul>	
	5. 托幼机构一日活动	<ul><li>说明托幼机构一日活动的含义及价值</li><li>复述托幼机构一日活动的基本环节</li><li>归纳托幼机构一日活动各环节的基本保教任务</li><li>能根据托幼机构一日活动各环节的特点，分辨不同活动环节</li></ul>	
2. 认知保教工作对象	1. 0—1岁婴幼儿年龄特点	<ul><li>记住0—1岁婴幼儿身心发展的主要特点</li><li>简述0—1岁婴幼儿保育要求</li><li>能根据婴幼儿的行为表现，判断婴幼儿的大致年龄</li></ul>	20
	2. 1—2岁婴幼儿年龄特点	<ul><li>记住1—2岁婴幼儿身心发展的主要特点</li><li>简述1—2岁婴幼儿保育要求</li><li>能根据婴幼儿的行为表现，判断婴幼儿的大致年龄</li></ul>	
	3. 2—3岁婴幼儿年龄特点	<ul><li>记住2—3岁婴幼儿身心发展的主要特点</li><li>简述2—3岁婴幼儿保育要求</li><li>能根据婴幼儿的行为表现，判断婴幼儿的大致年龄</li></ul>	
	4. 3—4岁幼儿年龄特点	<ul><li>记住3—4岁幼儿身心发展的主要特点</li><li>简述3—4岁幼儿保育要求</li><li>能根据幼儿的行为表现，判断幼儿的大致年龄</li></ul>	
	5. 4—5岁幼儿年龄特点	<ul><li>记住4—5岁幼儿身心发展的主要特点</li><li>简述4—5岁幼儿保育要求</li><li>能根据幼儿的行为表现，判断幼儿的大致年龄</li></ul>	

（续表）

学习主题	学习内容	学 习 要 求	参考学时
2. 认知保教工作对象	6. 5—6 岁幼儿年龄特点	● 记住 5—6 岁幼儿身心发展的主要特点 ● 简述 5—6 岁幼儿保育要求 ● 能根据幼儿的行为表现,判断幼儿的大致年龄	
3. 认知学前教育法规文件	1. 法规文件概述	● 说明法规文件的内涵、作用 ● 能区分学前教育法规文件的类型	14
	2. 学前教育政策法规	● 说明学前教育政策法规在托幼机构实际工作中的重要意义 ● 说出学前教育重要政策法规名称 ● 列举学前教育常用政策法规的作用 ● 能依据学前教育常用法规的有关规定,初步判断托幼机构相关工作的合规性	
	3. 保健工作法规文件	● 说明保健工作法规文件在托幼机构实际工作中的重要意义 ● 说出保健工作重要法规与规范性文件名称 ● 列举保健工作常用法规与规范性文件的作用 ● 能依据保健工作常用法规与规范性文件的有关规定,初步判断托幼机构保健工作的合规性	
	4. 保教工作法规文件	● 说明保教工作法规文件在托幼机构实际工作中的重要意义 ● 说出保教工作重要法规与规范性文件名称 ● 列举保教工作常用法规与规范性文件的作用 ● 能依据保教工作常用法规与规范性文件的有关规定,初步判断托幼机构保教工作的合规性	
	5. 托育工作法规文件	● 说明托育工作法规文件在托育机构实际工作中的重要意义 ● 说出托育工作重要法规与规范性文件名称 ● 列举托育工作常用法规与规范性文件的作用 ● 能依据托育工作常用法规与规范性文件的有关规定,初步判断托育机构相关工作的合规性	
4. 认知托幼机构社会关系构建与衔接	1. 幼儿园与家庭的沟通与合作	● 说明幼儿园与家庭合作的重要性 ● 列举幼儿园与家庭合作的基本途径 ● 概述幼儿园保教人员与家长沟通的基本要求与常用方法 ● 能依据幼儿园具体情境,选择恰当的与家长沟通合作方式	14

（续表）

学习主题	学习内容	学　习　要　求	参考学时
4. 认知托幼机构社会关系构建与衔接	2. 幼儿园与社区的沟通与合作	● 说明幼儿园与社区合作的重要性 ● 列举幼儿园与社区合作的基本途径和常见内容 ● 概述幼儿园保教人员与社区人员沟通合作的基本要求与常用方法 ● 能依据幼儿园具体情境,提出恰当的与社区人员沟通合作方式	
	3. 幼儿园与托育、早教衔接	● 说明幼儿园与托育、早教衔接的重要性 ● 列举幼儿园与托育、早教衔接的基本途径和常见内容 ● 概述幼儿园与托育、早教衔接的注意事项	
	4. 幼儿园与小学衔接	● 说明幼儿园与小学衔接的重要性 ● 列举幼儿园与小学衔接的基本途径和常见内容 ● 概述幼儿园与小学衔接的注意事项	
5. 认知保教工作文书与信息技术应用	1. 托幼机构教师文书	● 说明托幼机构教师文书的重要性 ● 列举托幼机构教师常用文书的种类及其功能 ● 简述托幼机构教师书写文书的基本素养要求	14
	2. 托幼机构保育师文书	● 说明托幼机构保育师文书的重要性 ● 列举托幼机构保育师常用文书的种类及其功能 ● 简述托幼机构保育师书写文书的基本素养要求	
	3. 托幼机构保健员文书	● 说明托幼机构保健员文书的重要性 ● 列举托幼机构保健员常用文书的种类及其功能 ● 简述托幼机构保健员书写文书的基本素养要求	
	4. 托幼机构常用信息技术	● 说明托幼机构保教工作中信息技术的重要性 ● 介绍托幼机构信息技术的常见应用及其作用	
6. 认知学前教育行业发展趋势与保育人才生涯发展	1. 学前教育行业发展总趋势	● 简述学前教育行业的发展现状与趋势 ● 介绍学前教育行业人才的需求状况 ● 概述学前教育行业保教人员应具备的基本职业能力与职业素养要求	6
	2. 托育行业发展趋势	● 简述我国当前托育行业的发展现状及趋势 ● 简述托育行业人才的需求状况 ● 列举托育人才应具备的基本职业能力和职业素养要求	
	3. 保育人才生涯发展路径与生涯规划设计	● 说明保育人才专业发展的主要阶段 ● 概括保育人才专业发展的影响因素 ● 列举学前教育专业学生就业及升学路径 ● 能自我设计职业生涯规划	
总学时			90

五、实施建议

(一)教材编写与选用建议

1. 应依据本课程标准编写教材或选用教材,从国家和市级教育行政部门发布的教材目录中选用教材,优先选用国家和市级规划教材。

2. 教材要充分体现育人功能,紧密结合教材内容、素材,有机融入课程思政要求,将课程思政内容与专业知识、技能有机统一。

3. 树立以学生为中心的教材观,教材的结构和内容应符合中职学生认知特点与学习规律。

4. 教材要充分体现"实践导向"课程思想,以对保育师职业的全面认知为线索构建教材结构体系,充分考虑实践与理论的有机结合。

5. 教材内容应体现实用性、先进性、前瞻性,将学前教育的新理念、新知识、新方法及时纳入其中,对接《保育员国家职业技能标准(2019 年版)》和保育师岗位要求,并吸收学前教育先进行业文化和优秀幼儿园文化。教材具有真实的职业情境,职场感强。

6. 教材要贴近学生生活,贴近职场,采用生动活泼的、学生乐于接受的语言、图表等去呈现内容,让学生在使用教材时有亲切感、真实感。

7. 鼓励园校合作开发教材,教材呈现形式多样化,倡导开发工作手册式新形态融媒体教材,并配套开发信息化资源或数字教材。

(二)教学实施建议

1. 切实推进课程思政建设,寓价值观引导、职业道德教育、职业情感教育、职业精神教育、劳动教育等于教育教学全过程,帮助学生树立职业理想,同时塑造正确的世界观、人生观、价值观。要深入梳理教学内容,结合课程特点,深入挖掘课程思政元素,有机融入课程教学,达到润物无声的育人效果。

2. 教学目标的确立与教学内容的组织要基于本课程标准,结合学前教育行业的变化和学生实际及时优化与调整。

3. 教学要充分体现"实践导向、任务引领、理实一体、做学合一"的职教课改理念,紧密联系幼儿园保教工作实际,以幼儿园典型保教工作任务为载体,加强理论教学与实践教学的结合,充分利用各种实训场所与设备,促进教与学方式的转变。

4. 教师应坚持以学生为中心的教学理念,充分尊重学生,遵循学生认知特点和学习规律,努力成为学生学习的组织者、指导者和同伴。

5. 采取灵活多样的教学方式,充分调动学生学习的积极性、能动性,积极探索自主学习、合作学习、探究式学习、问题导向式学习、体验式学习、混合式学习等体现教学新理念的教学方式。同时创造条件进行实景教学,提高学生解决托幼机构保育工作实际问题的能力。

6. 充分利用信息技术进行线上线下混合在线教学,提高教学效率。

7. 工学结合,组织学生到幼儿园见习1—2周,在职业现场进行学习,以加深学生对课程内容的理解,提升教学质量。

(三)教学评价建议

1. 要以本课程标准为依据,开展基于标准的教学评价。

2. 以评促教、以评促学,通过课堂教学及时评价,不断改进教学方法与手段。

3. 教学评价始终坚持德技并重的原则,构建德技融合的专业课教学评价体系,把德育和职业素养的评价内容与要求细化为具体的评价指标,有机融入专业知识与技能的评价指标体系,形成可观察可测量的评价量表,综合评价学生学习情况。通过有效评价,在日常教学中不断促进学生思想品德和职业素养的形成。

4. 注重日常教学中对学生学习过程的评价。充分利用多种过程性评价工具,如评价表、记录袋等,积累过程性评价数据,形成过程性评价与终结性评价相结合的评价模式。

5. 教学评价的主体可以多元化,采取教师评价、学生自评和互评相结合的方式。

6. 要体现课程在评价上的特殊性,应注重对学生在实践中分析问题、解决问题能力的考核,对学习和应用上有创新的学生应给予特别鼓励,综合评价学生能力。

(四)资源利用建议

1. 校外,与优质幼儿园建立密切关系,成立实习教学基地,开展参观、见习等实践活动,满足学生综合职业能力培养的要求。

2. 校内,创建模拟幼儿园活动室,创设真实的学习情境。

3. 园校合作开发教学资源,拍摄幼儿园真实情境下保教工作的图片、视频,辅助课堂教学,帮助学生更好地了解托幼机构保教工作实际。

4. 充分利用信息技术,提高教育教学效益。积极创造条件建设课程教学交流平台、互动教学平台、远程教学系统等,同时充分利用数字图书馆、在线开放课程、教育网站、教学资源网站以及App、公众号、视频号等网络信息资源,提高教学效率。

幼儿生活活动保育课程标准

| 课程名称

幼儿生活活动保育

| 适用专业

中等职业学校幼儿保育专业

一、课程性质

本课程是中等职业学校幼儿保育专业的一门专业核心课程,也是一门专业必修课程。其功能是使学生掌握幼儿生活保育的基本知识与技能,具备从事幼儿园生活设施用品的清洁消毒与资产管理、幼儿生活管理与教育以及家园沟通等相关工作的基本职业能力。本课程是幼儿安全照护、幼儿健康照护等课程的后续课程,可为幼儿园教育活动保育等专业课程的学习奠定基础。

二、设计思路

本课程遵循任务引领、理实一体的原则,根据中职幼儿保育专业的工作任务与职业能力分析结果,以"幼儿生活活动保育"工作领域的相关工作任务与职业能力为依据而设置。

课程内容紧紧围绕幼儿生活活动保育职业能力培养的需要,选取了幼儿来园、离园、进餐、饮水、睡眠、如厕、盥洗等环节的保育工作等内容,遵循适度够用的原则,确定相关理论知识、专业技能与要求,并融入《保育员国家职业技能标准(2019年版)》、上海市保育师(五级、四级)职业技能鉴定考核,以及《保育师国家职业技能标准(2021年版)》的相关要求。

课程内容组织按照职业能力发展规律和学生认知规律,以幼儿园生活活动保育的典型工作任务为线索,经过分析、转化、序化,设有幼儿生活保育认知、幼儿进餐保育、幼儿饮水保育、幼儿睡眠保育、幼儿如厕保育、幼儿盥洗保育、幼儿来园离园保育7个学习任务,以任务为引领,通过学习任务整合相关知识、技能与职业素养。

本课程建议课时为108学时。

三、课程目标

通过本课程的学习,学生初步掌握幼儿园生活活动保育相关的学前儿童身心发展知识、卫生保健知识、照护知识、生活常识,熟悉保育规范操作要求与常规指导方法,具备进餐、饮水、睡眠、如厕、盥洗、来园、离园等生活活动保育技能,达到《保育员国家职业技能标准(2019年版)》四级和上海市保育师(四级)职业技能鉴定考核的相关要求,具体达成以下职业素养和职业能力目标。

(一) 职业素养目标

- 认同生活活动保育对幼儿身心发展的重要价值,积极投入幼儿生活活动保育工作,操作规范守时,照护细心暖心,指导循循善诱,言传身教。

- 关心爱护幼儿,努力维护幼儿的生命健康;信任幼儿,相信幼儿独立生活的能力与潜力;形成保护幼儿、促进幼儿身心健康发展的责任意识。

- 树立"一日生活皆课程"的保教理念,初步形成保教结合、教养并重的思想意识。

- 养成认真细心、钻研探索、反思改进的习惯,具备合作意识、规范意识、时间效率意识、审美意识、劳动意识等。

(二) 职业能力目标

- 能创设整洁、卫生、安全的生活活动环境和愉悦、温馨、自主的心理环境,让幼儿感到安全和舒适。

- 能对本班幼儿的生活环境、设施与用品进行规范的清洁消毒,并妥善保管班级设施、用品与幼儿个人用品。

- 能根据幼儿发展目标与幼儿年龄特点,结合幼儿生活活动实际,组织开展生活活动前的教育,增强幼儿的尊重和热爱劳动意识、节约环保意识,丰富幼儿的生活常识、安全卫生常识、健康常识等。

- 能配合教师有效组织生活活动,科学照护幼儿的生活,培养幼儿良好的生活卫生习惯和独立生活能力,丰富幼儿的生活经验,提高幼儿的社会交往能力。

- 能在日常生活活动中对幼儿进行全面观察、了解,及时发现幼儿的各种需要和要求,并予以积极回应。

- 能抓住各种教育契机对幼儿进行随机教育,丰富幼儿的生活经验与生活常识,培养幼儿的交往能力、适应集体生活能力等。

- 能对生活活动中的特殊儿进行适当的照护,完整填写工作记录,并针对幼儿的具体情况进行个别教育与家园沟通。

- 能在生活活动中敏锐发现安全隐患,有效劝阻不适宜的行为,协助同班教师妥善处理生活活动中的突发事件,保护幼儿的安全,并做好工作记录,与家长进行有效沟通。

● 通过工作记录、深入反思、团队集体研讨及家园沟通合作,不断改进生活活动保育工作。

四、课程内容与要求

学习任务	技能与学习要求	知识与学习要求	参考学时
1. 幼儿生活保育认知	1. 幼儿园生活作息表分析 ● 能根据幼儿园一日生活作息安排的基本原则及要求,分析某幼儿园一日生活作息(含托、小、中、大班)合规性	1. 幼儿园一日生活作息制度的内涵 ● 说出幼儿园一日生活作息制度的定义 ● 简述科学制定幼儿园一日生活作息表的意义 2. 幼儿园一日生活作息安排的基本原则 ● 解释幼儿园一日生活作息安排的基本原则 3. 幼儿一日生活作息安排的注意事项 ● 简述幼儿园一日生活作息安排的注意事项 4. 幼儿园一日生活作息表的要素 ● 列举幼儿园一日生活作息表的要素	5
	2. 幼儿园生活活动各环节辨析 ● 能根据幼儿园生活活动各环节的工作要求,结合具体案例,初步分析保教人员在某生活活动环节的履职情况	5. 幼儿园生活活动的内涵 ● 说出幼儿园生活活动的目标与内容 ● 简述幼儿园生活活动各环节对幼儿身心发展的价值 6. 幼儿园生活活动各环节工作的要求及注意事项 ● 简述幼儿园生活活动各环节的工作要求 ● 说出幼儿园生活活动各环节的注意事项	5
2. 幼儿进餐保育	1. 餐前保育 ● 能根据餐前活动组织与保育要求,创设安全、卫生、温馨、自主、美观、规则清晰的幼儿进餐环境(生理、心理) ● 能根据规范操作要求及环保要求,对幼儿餐桌餐具进行清洁消毒,并规范合理摆放,同时注重操作效率 ● 能根据季节特点,幼儿数量,饭菜总量,托、小、中、大班幼儿年龄特点及班级特殊幼儿(病后初愈儿、过	1. 幼儿进餐的年龄特点及保育价值 ● 简述幼儿进餐的年龄特点 ● 介绍进餐保育对幼儿身心发展的重要价值 2. 不同年龄幼儿的餐前行为习惯与能力要求 ● 简述托、小、中、大班各年龄幼儿的餐前行为习惯与能力要求 3. 餐前保育师和教师的工作职责 ● 熟记保育师的餐前准备工作职责 ● 陈述教师的餐前准备工作职责 4. 餐前环境及餐具准备要求 ● 简述创设安全、卫生、温馨、自主、美观的餐前环境的具体要求 ● 解释餐前环境创设的基本原则 ● 记住进餐环境及餐桌餐具清洁消毒的规范操作要求	6

（续表）

学习任务	技能与学习要求	知识与学习要求	参考学时
2. 幼儿进餐保育	敏儿、肥胖儿、体弱儿等）的情况,分发餐具和饭菜 ● 能根据生活活动保育目标、幼儿年龄特点及幼儿与幼儿园当下实际,充分利用各种条件、素材,有效开展托、小、中、大班幼儿的餐前教育	5. 分发餐具及饭菜的要求 ● 记住分发餐具及饭菜的规范操作要求 ● 解释针对托、小、中、大班各年龄特点幼儿分发饭菜的不同要求 ● 解释根据季节特点分发饭菜的要求（夏季分好饭菜等幼儿进餐,冬季随分随吃,注意菜、饭、汤的保暖） ● 解释针对不同特殊儿分发饭菜的要求（病后初愈儿：先进餐、少盛多添；肥胖儿：先喝汤后盛饭菜；体弱儿：先进餐、少盛多添；过敏儿：提供过敏儿特定饭菜） 6. 幼儿营养的基本知识与基本要求 ● 简述各大营养素及其主要缺乏症 ● 简述幼儿消化系统特点及其膳食的基本要求 7. 幼儿营养与膳食管理的文件要求 ● 介绍国家及地方政府有关幼儿营养与膳食的文件要求 8. 幼儿语言与思维发展特点 ● 简述托、小、中、大班幼儿语言与思维发展的主要特点 9. 幼儿餐前教育活动的内容、组织形式与基本方法 ● 列举托、小、中、大班各年龄幼儿餐前教育活动的内容 ● 列举托、小、中、大班各年龄幼儿餐前教育活动的组织形式与基本方法	
	2. 餐中保育 ● 能根据季节特点、幼儿年龄特点和个体差异,配合教师组织托、小、中、大班幼儿进行自主、有序、愉快的进餐活动 ● 能细心观察幼儿进餐行为,敏锐发现幼儿的需要与存在的问题（吃饭特别慢、不专心、挑食、拒食、浪费粮食等）,及时回应,科学照护与指导,培养幼儿的独立进餐能力与良好进餐习惯,并做好工作过程	10. 餐中保育师与教师的工作职责 ● 熟记餐中保育师的工作职责 ● 陈述餐中教师的工作职责 11. 餐中保育的基本原则与常规要求 ● 解释餐中保育的基本原则 ● 简述托、小、中、大班各年龄幼儿进餐的常规要求 12. 不同年龄、不同情况幼儿独立进餐能力与习惯培养的内容及方法 ● 描述托、小、中、大班各年龄幼儿进餐时可能出现的各种需要及其行为表现与缘由,列举回应方法 ● 简述托、小、中、大班各年龄幼儿独立进餐能力与良好进餐习惯培养的内容	8

学习任务	技能与学习要求	知识与学习要求	参考学时
2. 幼儿进餐保育	记录与家长沟通工作 ● 能细心观察幼儿进餐行为，敏锐发现并有效劝阻不安全行为，进而进行针对性的帮助与指导，及时排除安全隐患，妥善处理幼儿进餐活动中的突发事件，并做好工作过程记录与家长沟通工作	● 列举托、小、中、大班各年龄幼儿独立进餐能力与良好进餐习惯培养的方法 13. 幼儿进餐时行为或习惯问题(吃饭特别慢、不专心、挑食、拒食、浪费粮食等)的表现与应对方法 ● 列举幼儿进餐时行为或习惯问题的一般表现 ● 说明幼儿进餐时行为或习惯问题的主要原因 ● 简述幼儿进餐时行为或习惯问题的基本应对方法 14. 幼儿进餐活动中的安全隐患 ● 列举幼儿进餐中可能存在的安全隐患 ● 说明排除幼儿进餐中安全隐患的措施 15. 幼儿进餐活动中的突发事件与应对方法 ● 列举幼儿进餐活动中可能存在的突发事件 ● 简述幼儿进餐活动中突发事件的应对方法	
	3. 餐后保育 ● 能根据托、小、中、大班各年龄幼儿的心理特点及行为要求，进行餐后个人卫生指导，培养幼儿良好的餐后卫生习惯 ● 能根据餐厅环境设施与餐具清洁消毒的规范操作要求及环保与审美要求，进行餐后餐厅整理和餐具清洁消毒，同时注重操作效率 ● 能规范填写进餐保育工作记录，并不断反思改进	16. 餐后保育师与教师的工作职责 ● 熟记餐后保育师的工作职责 ● 陈述餐后教师的工作职责 17. 不同年龄幼儿良好餐后习惯与能力培养的内容及方法 ● 简述托、小、中、大班各年龄幼儿良好餐后习惯与能力培养的内容 ● 列举托、小、中、大班各年龄幼儿良好餐后习惯与能力培养的方法 18. 餐后整理要求 ● 简述幼儿餐后餐厅整理和餐具清洁消毒的规范操作要求 19. 进餐保育工作记录内容与要求 ● 概述进餐保育工作记录内容与要求	4
3. 幼儿饮水保育	1. 饮水前保育 ● 能根据饮水前活动组织与保育要求，创设安全、卫生、温馨、自主、规则清晰的幼儿饮水环境(生理、心理) ● 能根据规范操作要求及环保与审美要求，对幼儿饮水用具进行清洁消毒，并规范合理摆放，同时注重操作效率 ● 能根据天气、幼儿活动量及	1. 不同年龄幼儿的饮水前行为习惯与能力要求 ● 简述托、小、中、大班各年龄幼儿的饮水前行为习惯与能力要求 2. 饮水前保育师与教师的工作职责 ● 熟记保育师的饮水前准备工作职责 ● 陈述教师的饮水前准备工作职责 3. 饮水对幼儿健康成长的重要价值 ● 说明饮水对幼儿健康成长的重要价值 ● 说出托、小、中、大班各年龄幼儿每日饮水的需要量 ● 列举影响幼儿饮水量的因素	6

（续表）

学习任务	技能与学习要求	知识与学习要求	参考学时
	饮食情况,提供清洁卫生、温度适宜、充足的饮用水 ● 能根据生活活动保育目标、班级幼儿实际及幼儿年龄特点,充分利用各种条件、素材,有效开展托、小、中、大班幼儿的饮水前教育	4. 饮水前环境及饮水用具准备要求 ● 简述创设安全、卫生、温馨、自主、规则清晰的饮水前环境的具体要求 ● 解释饮水前环境创设的基本原则 ● 熟记饮水前环境及饮水用具清洁消毒的规范操作要求 5. 幼儿饮水前教育活动的内容与组织形式 ● 列举托、小、中、大班各年龄幼儿饮水前教育活动的内容 ● 列举托、小、中、大班各年龄幼儿饮水前教育活动的组织形式	
3. 幼儿饮水保育	2. 饮水时保育 ● 能根据幼儿年龄特点和个体差异,配合教师组织托、小、中、大班幼儿进行安全、卫生、自主、有序、愉快的饮水活动 ● 能细心观察幼儿饮水行为,敏锐发现幼儿的需要与存在的问题(不会独立接水、不爱喝白开水、浪费水等),及时回应,科学照护与指导,培养幼儿的独立饮水能力与良好饮水习惯,并做好工作过程记录与家长沟通工作 ● 能细心观察幼儿饮水行为,敏锐发现并有效劝阻不安全行为,进而进行针对性的帮助与指导,及时排除安全隐患,妥善处理幼儿饮水活动中的突发事件,并做好工作过程记录与家长沟通工作 ● 能规范填写饮水保育工作记录,并不断反思改进	6. 饮水时保育师与教师的工作职责 ● 熟记饮水时保育师的工作职责 ● 陈述饮水时教师的工作职责 7. 饮水时保育的基本原则与常规要求 ● 解释饮水时保育的基本原则 ● 简述托、小、中、大班各年龄幼儿饮水的常规要求 8. 不同年龄、不同情况幼儿独立饮水能力与习惯培养的内容及方法 ● 描述托、小、中、大班各年龄幼儿饮水时可能出现的各种需要及其行为表现与缘由,列举回应方法 ● 简述托、小、中、大班各年龄幼儿独立饮水能力与良好饮水习惯培养的内容 ● 列举托、小、中、大班各年龄幼儿独立饮水能力与良好饮水习惯培养的方法 9. 幼儿饮水时行为或习惯问题的表现与应对方法 ● 列举幼儿饮水时行为或习惯问题的一般表现 ● 说明幼儿饮水时行为或习惯问题的主要原因 ● 简述幼儿饮水时行为或习惯问题的基本应对方法 10. 幼儿饮水活动中的安全隐患 ● 列举幼儿饮水活动中可能存在的安全隐患 ● 说明排除幼儿饮水活动中安全隐患的措施 11. 幼儿饮水活动中的突发事件与应对方法 ● 列举幼儿饮水活动中可能存在的突发事件 ● 简述幼儿饮水活动中突发事件的应对方法	8

学习任务	技能与学习要求	知识与学习要求	参考学时
3. 幼儿饮水保育		12. 饮水保育工作记录内容与要求 ● 概述饮水保育工作记录内容与要求	
4. 幼儿睡眠保育	1. 午睡前保育 ● 能根据午睡前活动组织与保育要求，创设安全、卫生、整洁、光线温度适宜、舒适美观、规则清晰的幼儿午睡环境（生理、心理） ● 能根据规范操作要求及保管与环保要求，对幼儿卧室环境及卧具进行清洁、消毒、晾晒、保管，同时注重操作效率 ● 能根据托、小、中、大班幼儿年龄特点及不同幼儿（体弱儿、体质较好的幼儿、怕热幼儿、活泼好动爱说话的幼儿、易尿床的幼儿、咳嗽儿）的身心状况，合理安排床位与铺床 ● 能根据生活活动保育目标、幼儿年龄特点及幼儿与幼儿园当下实际，充分利用各种条件、素材，有效开展托、小、中、大班幼儿的午睡前教育	1. 不同年龄幼儿的午睡前行为习惯与能力要求 ● 简述托、小、中、大班各年龄幼儿的午睡行为习惯与能力要求 2. 午睡前保育师与教师的工作职责 ● 熟记保育师的午睡前准备工作职责 ● 陈述教师的午睡前准备工作职责 3. 睡眠对幼儿健康成长的重要价值 ● 说明睡眠对幼儿健康成长的重要价值 ● 说出托、小、中、大班各年龄幼儿每日睡眠所需时间 4. 午睡前环境及卧具准备要求 ● 简述创设安全、卫生、整洁、舒适美观的午睡前环境的具体要求 ● 解释午睡前环境创设的基本原则 ● 列举不同身心状况幼儿适宜的床的位置 ● 复述午睡前环境及卧具清洁、消毒、晾晒、保管的规范操作要求 5. 幼儿午睡前教育活动的内容与组织形式 ● 列举托、小、中、大班各年龄幼儿午睡前教育活动的内容 ● 简述托、小、中、大班各年龄幼儿午睡前教育活动的组织形式	6
	2. 午睡时保育 ● 能根据季节特点、幼儿年龄特点和个体差异，配合教师组织托、小、中、大班幼儿进行安全、自主、有序、安静的睡眠活动 ● 能采用适当的方法帮助、指导托、小、中、大班各年龄幼儿掌握正确的穿脱衣服方法，独立、有序地穿脱衣服	6. 午睡时保育师与教师的工作职责 ● 熟记午睡时保育师的工作职责 ● 陈述午睡时教师的工作职责 7. 午睡时保育的基本原则与常规要求 ● 解释午睡时保育的基本原则 ● 简述托、小、中、大班各年龄幼儿午睡的常规要求 8. 指导托、小、中、大班各年龄幼儿穿脱衣服的要点 ● 简述托、小、中、大班各年龄幼儿穿脱衣服的要求	8

（续表）

学习任务	技能与学习要求	知识与学习要求	参考学时
4. 幼儿睡眠保育	● 能细心观察幼儿睡眠行为，敏锐发现幼儿的需要与存在的问题（入睡困难、不能独立入睡、尿床、午睡焦虑、依赖安慰物、睡姿不正确等），及时回应，科学照护与指导，培养幼儿的独立睡眠能力与良好睡眠习惯，并做好工作过程记录与家长沟通工作 ● 能进行幼儿午睡前后的安全、身体检查，细心观察幼儿睡眠行为，敏锐发现并有效劝阻不安全行为，进而进行针对性的帮助与指导，及时排除安全隐患，妥善处理幼儿午睡活动中的突发事件，并做好工作过程记录与家长沟通工作 ● 能规范进行睡后卧室环境、卧具的整理与保洁 ● 能规范填写睡眠保育工作记录，并不断反思改进	● 熟记托、小、中、大班各年龄幼儿穿脱衣服的顺序 ● 列举指导托、小、中、大班各年龄幼儿穿脱衣服的方法 9. 不同年龄、不同情况幼儿独立睡眠能力与习惯培养的内容及方法 ● 描述托、小、中、大班各年龄幼儿午睡时可能出现的各种需要及其行为表现与缘由，列举回应方法 ● 简述托、小、中、大班各年龄幼儿独立睡眠能力与良好睡眠习惯培养的内容 ● 列举托、小、中、大班各年龄幼儿独立睡眠能力与良好睡眠习惯培养的方法 10. 幼儿午睡时行为或习惯问题的表现与应对方法 ● 列举幼儿午睡时行为或习惯问题的一般表现 ● 说明幼儿午睡时行为或习惯问题的主要原因 ● 简述幼儿午睡时行为或习惯问题的基本应对方法 11. 幼儿午睡活动中的安全隐患 ● 列举幼儿午睡活动中可能存在的安全隐患 ● 说明排除幼儿午睡活动中安全隐患的措施 12. 幼儿午睡活动中的突发事件与应对方法 ● 列举幼儿午睡活动中可能存在的突发事件 ● 简述幼儿午睡活动中突发事件的应对方法 13. 睡后整理要求 ● 简述幼儿睡后卧室环境、卧具整理与保洁的规范操作要求 14. 睡眠保育工作记录内容与要求 ● 概述睡眠保育工作记录内容与要求	

学习任务	技能与学习要求	知识与学习要求	参考学时
5. 幼儿如厕保育	1. 如厕前保育 ● 能根据如厕前活动组织与保育要求，创设安全、卫生、整洁、环保、美观、规则清晰的幼儿如厕环境（生理、心理） ● 能根据规范操作要求及环保与审美要求，对幼儿如厕环境及设施进行清洁消毒，同时注重操作效率 ● 能根据幼儿年龄特点与数量，准备好充足的如厕用品，并合理摆放，确保如厕用品数量充足且易于取放 ● 能根据生活活动保育目标及幼儿年龄特点，充分利用各种条件、素材，有效开展托、小、中、大班幼儿的如厕前教育	1. 不同年龄幼儿的如厕前行为习惯与能力要求 ● 简述托、小、中、大班各年龄幼儿的如厕前行为习惯与能力要求 2. 如厕前保育师与教师的工作职责 ● 熟记保育师的如厕前准备工作职责 ● 陈述教师的如厕前准备工作职责 3. 如厕对幼儿健康成长的重要价值 ● 说明轻松如厕及如厕保育对幼儿健康成长的重要价值 4. 如厕前环境及如厕用品准备要求 ● 记住厕所环境及设施清洁消毒的规范操作要求、环保要求等 ● 说明幼儿如厕用品的种类、大小及摆放要求 5. 幼儿如厕前教育活动的内容与组织形式 ● 列举托、小、中、大班各年龄幼儿如厕前教育活动的内容 ● 简述托、小、中、大班各年龄幼儿如厕前教育活动的组织形式	6
	2. 如厕时保育 ● 能根据幼儿年龄特点和个体差异，配合教师组织托、小、中、大班幼儿进行安全、卫生、自主、有序、轻松的如厕活动 ● 能采用适当的方式帮助、指导托、小、中、大班各年龄幼儿掌握正确的如厕方法，安全、文明、健康地如厕 ● 能细心观察幼儿如厕行为，敏锐发现幼儿的需要与存在的问题（不会穿脱裤子、如厕焦虑、不会擦屁股等），及时回应，科学照护与指导，培养幼儿的独立如厕能力与良好如厕习	6. 如厕时保育师与教师的工作职责 ● 熟记如厕时保育师的工作职责 ● 陈述如厕时教师的工作职责 7. 如厕时保育的基本原则与常规要求 ● 解释如厕时保育的基本原则 ● 简述托、小、中、大班各年龄幼儿如厕的常规要求 8. 指导托、小、中、大班各年龄幼儿正确如厕的要点 ● 简述托、小、中、大班各年龄幼儿正确如厕的要求 ● 简述指导托、小、中、大班各年龄幼儿正确如厕的方法 9. 不同年龄、不同情况幼儿独立如厕能力与习惯培养的内容及方法 ● 描述托、小、中、大班各年龄幼儿如厕时可能出现的各种需要及其行为表现与缘由，列举回应方法	8

（续表）

学习任务	技能与学习要求	知识与学习要求	参考学时
5. 幼儿如厕保育	惯,并做好工作过程记录与家长沟通工作 ● 能细心观察幼儿如厕行为,敏锐发现并有效劝阻不安全行为,进而进行针对性的帮助和指导,及时排除安全隐患,妥善处理幼儿如厕活动中的突发事件,并做好工作过程记录与家长沟通工作 ● 能敏锐发现幼儿异常大小便并正确做好留样待检、沟通上报及清洁消毒工作 ● 能规范填写如厕保育工作记录,并不断反思改进	● 简述托、小、中、大班各年龄幼儿独立如厕能力与良好如厕习惯培养的内容 ● 列举托、小、中、大班各年龄幼儿独立如厕能力与良好如厕习惯培养的方法 10. 幼儿如厕时行为或习惯问题的表现与应对方法 ● 列举幼儿如厕时行为或习惯问题的一般表现 ● 说明幼儿如厕时行为或习惯问题的主要原因 ● 简述幼儿如厕时行为或习惯问题的基本应对方法 11. 幼儿如厕活动中的安全隐患 ● 列举幼儿如厕活动中可能存在的安全隐患 ● 说明排除幼儿如厕活动中安全隐患的措施 12. 幼儿如厕活动中的突发事件与应对方法 ● 列举幼儿如厕活动中可能存在的突发事件 ● 简述幼儿如厕活动中突发事件的应对方法 13. 幼儿异常大小便识别与应对要求 ● 能从性状、颜色、频率等方面列举幼儿异常大小便的特点 ● 能说出异常大小便留样待检的规范操作要求 ● 记住幼儿异常大小便后如厕设施设备清洁消毒的规范操作要求 14. 如厕保育工作记录内容与要求 ● 概述如厕保育工作记录内容与要求	
6. 幼儿盥洗保育	1. 盥洗前保育 ● 能根据盥洗前活动组织与保育要求,创设安全、整洁、卫生、环保、美观、规则清晰的幼儿盥洗环境（生理、心理） ● 能根据规范操作要求及环保要求,对幼儿盥洗环境及设施进行清洁消毒,同时注重操作效率 ● 能提供幼儿方便取用、清洁卫生、数量充足的盥洗用品和温度适宜的盥洗用水	1. 不同年龄幼儿的盥洗前行为习惯与能力要求 ● 简述托、小、中、大班各年龄幼儿的盥洗前行为习惯与能力要求 2. 盥洗前保育师与教师的工作职责 ● 熟记保育师的盥洗前准备工作职责 ● 陈述教师的盥洗前准备工作职责 3. 盥洗对幼儿健康成长的重要价值 ● 说明盥洗及盥洗保育对幼儿健康成长的重要价值 4. 盥洗前环境及盥洗用品准备要求 ● 简述创设安全、整洁、卫生、环保、美观的盥洗前环境的具体要求	6

学习任务	技能与学习要求	知识与学习要求	参考学时
	● 能根据生活活动保育目标、幼儿年龄特点及幼儿与幼儿园当下实际，充分利用各种条件、素材，有效开展托、小、中、大班幼儿的盥洗前教育	● 解释盥洗前环境创设的基本原则 ● 说明幼儿盥洗用品的种类及摆放要求 5. 幼儿盥洗前教育活动的内容与组织形式 ● 列举托、小、中、大班各年龄幼儿盥洗前教育活动的内容 ● 简述托、小、中、大班各年龄幼儿盥洗前教育活动的组织形式	
6. 幼儿盥洗保育	2. 盥洗时保育 ● 能根据幼儿年龄特点和个体差异，配合教师组织托、小、中、大班幼儿进行安全、自主、有序的盥洗活动 ● 能采用适当的方式帮助、指导托、小、中、大班各年龄幼儿正确地盥洗（洗手、洗脸、洗头、洗澡等） ● 能细心观察幼儿盥洗行为，敏锐发现幼儿的需要与存在的问题（洗手时玩耍、不会正确盥洗、弄湿衣物等），及时回应，科学照护与指导，培养幼儿的独立盥洗能力与良好盥洗习惯，并做好工作过程记录与家长沟通工作 ● 能细心观察幼儿盥洗行为，敏锐发现并有效劝阻不安全行为，进而进行针对性的帮助和指导，及时排除安全隐患，妥善处理幼儿盥洗活动中的突发事件，并做好工作过程记录与家长沟通工作 ● 能规范填写盥洗保育工作记录，并不断反思改进	6. 盥洗时保育师与教师的工作职责 ● 熟记盥洗时保育师的工作职责 ● 陈述盥洗时教师的工作职责 7. 盥洗时保育的基本原则与常规要求 ● 解释盥洗时保育的基本原则 ● 说明托、小、中、大班各年龄幼儿盥洗的常规要求 8. 指导托、小、中、大班各年龄幼儿盥洗的要点 ● 简述幼儿盥洗的正确程序 ● 简述指导托、小、中、大班各年龄幼儿盥洗（洗手、洗脸、洗头、洗澡等）的方法 9. 不同年龄、不同情况幼儿独立盥洗能力与习惯培养的内容及方法 ● 描述托、小、中、大班各年龄幼儿盥洗时可能出现的各种需要及其行为表现与缘由，列举回应方法 ● 简述托、小、中、大班各年龄幼儿独立盥洗能力与良好盥洗习惯培养的内容 ● 列举托、小、中、大班各年龄幼儿独立盥洗能力和良好如厕习惯培养的方法 10. 幼儿盥洗时行为或习惯问题的表现与应对方法 ● 列举幼儿盥洗时行为或习惯问题的一般表现 ● 说明幼儿盥洗时行为或习惯问题的主要原因 ● 简述幼儿盥洗时行为或习惯问题的基本应对方法 11. 幼儿盥洗活动中的安全隐患 ● 列举幼儿盥洗活动中可能存在的安全隐患 ● 说明排除幼儿盥洗活动中安全隐患的措施 12. 幼儿盥洗活动中的突发事件与应对方法 ● 列举幼儿盥洗活动中可能存在的突发事件 ● 简述幼儿盥洗活动中突发事件的应对方法 13. 盥洗保育工作记录内容与要求 ● 概述盥洗保育工作记录内容与要求	8

（续表）

学习任务	技能与学习要求	知识与学习要求	参考学时
	1. 来园前保育 ● 能根据来园前活动组织与保育要求，创设安全、卫生、整洁、环保的幼儿来园环境（生理、心理） ● 能根据规范操作要求及环保要求，进行来园前环境及设施的清洁消毒 ● 能根据托、小、中、大班各年龄幼儿的年龄特点及来园活动内容，准备好充足的生活用品及来园活动材料，满足幼儿来园生活及活动需要	1. 不同年龄幼儿来园行为习惯与能力要求 ● 简述托、小、中、大班各年龄幼儿的来园行为习惯与能力要求 2. 来园前保育师与教师的工作职责 ● 熟记保育师的来园前准备工作职责 ● 陈述教师的来园前准备工作职责 3. 来园环节的保教价值 ● 说明来园环节对幼儿身心健康成长的保教价值 4. 来园前环境及设施准备要求 ● 简述创设安全、卫生、整洁、环保的来园环境的具体要求 ● 解释来园前环境创设的基本原则 ● 记住来园前环境及设施清洁消毒的规范操作要求 ● 说明托、小、中、大班各年龄幼儿来园生活用品及活动材料的准备要求	4
7. 幼儿来园离园保育	2. 来园时保育 ● 能根据幼儿年龄特点和个性特点，热情接待幼儿及家长，并进行有效沟通 ● 能根据幼儿年龄特点和审美要求，指导幼儿有序存放个人物品，提醒及协助个别幼儿完成入园整理，培养幼儿的良好来园习惯 ● 能关注幼儿晨检情况，妥善应对晨检时发生的问题 ● 能根据幼儿来园时的不同状况及身心发展的个体差异，做好来园活动的个别教育工作 ● 能细心观察幼儿来园行为，敏锐发现幼儿的需要与存在的问题（入园焦虑、情绪不稳定、生病等），及时回应，科学照护与指导，并做好工作过程记录与家长沟通工作	5. 来园时保育师与教师的工作职责 ● 熟记来园时保育师的工作职责 ● 陈述来园时教师的工作职责 6. 来园时保育的基本原则与常规要求 ● 解释来园时保育的基本原则 ● 简述托、小、中、大班各年龄幼儿来园的常规要求 7. 来园时的接待要求 ● 说明来园时接待幼儿及家长的要求及注意事项 ● 概述幼儿来园时携带的衣物、玩具、图书等个人物品的存放要求 8. 来园时的晨检要求 ● 说明晨检的流程与具体内容 ● 列举晨检时幼儿可能存在的情况与应对方法 9. 幼儿来园时行为或习惯问题的表现与应对方法 ● 列举幼儿来园时行为或习惯问题的一般表现 ● 说明幼儿来园时行为或习惯问题的主要原因 ● 简述幼儿来园时行为或习惯问题的基本应对方法	8

学习任务	技能与学习要求	知识与学习要求	参考学时
	● 能细心观察幼儿来园时行为，敏锐发现并有效劝阻不安全行为，进而进行针对性的帮助和指导，及时排除安全隐患，妥善处理幼儿来园活动中的突发事件，并做好工作过程记录与家长沟通工作 ● 能规范填写来园保育工作记录，并不断反思改进	10. 幼儿来园活动中的安全隐患 ● 列举幼儿来园活动中可能存在的安全隐患 ● 说明排除幼儿来园活动中安全隐患的措施 11. 幼儿来园活动中的突发事件与应对方法 ● 列举幼儿来园活动中可能存在的突发事件 ● 简述幼儿来园活动中突发事件的应对方法 12. 来园保育工作记录内容与要求 ● 概述来园保育工作记录内容与要求	
7. 幼儿来园离园保育	3. 离园前保育 ● 能根据幼儿年龄特点和个性特点，帮助、指导幼儿做好离园前的收整工作 ● 能根据生活活动保育目标与幼儿年龄特点，充分利用各种条件、素材，有效开展托、小、中、大班幼儿的离园前教育	13. 不同年龄幼儿的离园行为习惯与能力要求 ● 简述托、小、中、大班各年龄幼儿的离园行为习惯与能力要求 14. 离园前保育师与教师的工作职责 ● 熟记保育师的离园前准备工作职责 ● 陈述教师的离园前准备工作职责 15. 离园环节的保教价值 ● 说明离园环节对幼儿身心健康成长的保教价值 16. 离园前的收整要求 ● 说明指导幼儿做好离园前收整的内容和要求 ● 列举幼儿离园时应携带的物品 17. 幼儿离园前教育活动的内容与组织形式 ● 列举托、小、中、大班各年龄幼儿离园前教育活动的内容 ● 简述托、小、中、大班各年龄幼儿离园前教育活动的组织形式	4
	4. 离园时保育 ● 能根据幼儿年龄特点和个体差异，配合教师组织托、小、中、大班幼儿进行安全、自主、有序的离园活动 ● 能细心观察幼儿离园行为，敏锐发现幼儿的需要	18. 离园时保育师与教师的工作职责 ● 熟记离园时保育师的工作职责 ● 陈述离园时教师的工作职责 19. 离园时保育的基本原则与常规要求 ● 解释离园时保育的基本原则 ● 简述托、小、中、大班各年龄幼儿离园的常规要求	8

（续表）

学习任务	技能与学习要求	知识与学习要求	参考学时
7. 幼儿来园离园保育	与存在的问题,及时回应,做好离园的个别沟通与安抚工作,确保幼儿愉快离园,并做好工作过程记录与家长沟通工作 ● 能细心观察幼儿离园行为,敏锐发现并有效劝阻不安全行为,进而进行针对性的帮助和指导,及时排除安全隐患,妥善处理幼儿离园活动中的突发事件,并做好工作过程记录与家长沟通工作 ● 能做好晚接幼儿的信息登记与交接工作,组织晚接幼儿活动,安抚好晚接幼儿的情绪,仔细核对接送家长信息,确保幼儿安全离园 ● 能针对幼儿一日活动中出现的问题,协助教师做好与个别幼儿家长的沟通工作 ● 能规范进行离园后班级环境、设施的清洁消毒与物品收整 ● 能规范进行班级电器的清洁、保管 ● 能规范填写离园保育工作记录,并不断反思改进	20. 幼儿离园时行为或习惯问题的表现与应对方法 ● 列举幼儿离园时行为或习惯问题的一般表现 ● 说明幼儿离园时行为或习惯问题的主要原因 ● 简述幼儿离园时行为或习惯问题的基本应对方法 21. 离园时的家园沟通要求 ● 说明离园时家园沟通的作用 ● 简述离园时家园沟通的语言和内容要求 22. 幼儿离园活动中的安全隐患 ● 列举幼儿离园活动中可能存在的安全隐患 ● 说明排除幼儿离园活动中安全隐患的措施 23. 幼儿离园活动中的突发事件与应对方法 ● 列举幼儿离园活动中可能存在的突发事件 ● 简述幼儿离园活动中突发事件的应对方法 24. 晚接幼儿的组织与管理要求 ● 简述晚接幼儿信息登记与交接工作要求 ● 说明晚接幼儿信息登记要点 25. 离园后的收整要求 ● 记住班级环境、设施清洁消毒与物品收整的规范操作要求 ● 记住班级电器清洁保管的规范操作要求 26. 离园保育工作记录内容与要求 ● 概述离园保育工作记录内容与要求	
总学时			108

五、实施建议

（一）教材编写与选用建议

1. 应依据本课程标准编写教材或选用教材,从国家和市级教育行政部门发布的教材目录中选用教材,优先选用国家和市级规划教材。

2. 教材要充分体现育人功能,紧密结合教材内容、素材,有机融入课程思政要求,将课程思政内容与专业知识、技能有机统一。

3. 树立以学生为中心的教材观,教材的结构和内容应符合中职学生认知特点与学习规律。

4. 教材应以"幼儿生活活动保育"工作领域的职业能力为逻辑线索,按照职业能力培养由易到难、由简单到复杂、由单一到综合的规律,确定教材各部分的目标、内容,并进行相应的任务、活动设计等,从而建立起一个结构清晰、层次分明的教材内容体系。

5. 教材内容应体现实用性、先进性、前瞻性,将学前教育的新理念、新知识、新方法及时纳入其中,对接《保育员国家职业技能标准(2019 年版)》和保育师岗位要求,并吸收学前教育先进行业文化和优秀幼儿园文化。教材具有真实的职业情境,职场感强。

6. 教材要贴近学生生活,贴近职场,采用生动活泼的、学生乐于接受的语言、图表等去呈现内容,让学生在使用教材时有亲切感、真实感。

7. 鼓励园校合作开发教材,教材呈现形式多样化,倡导开发工作手册式新形态融媒体教材,并配套开发信息化资源或数字教材。

(二)教学实施建议

1. 切实推进课程思政建设,寓价值观引导、职业道德教育、职业情感教育、职业精神教育、劳动教育等于教育教学全过程,帮助学生树立职业理想,同时塑造正确的世界观、人生观、价值观。要深入梳理教学内容,结合课程特点,深入挖掘课程思政元素,有机融入课程教学,达到润物无声的育人效果。

2. 教学实施要基于本课程标准,结合学前教育行业的变化和学生实际及时优化与调整。

3. 教学要充分体现"实践导向、任务引领、理实一体、做学合一"的职教课改理念,紧密联系幼儿生活活动保育工作实际,以具体的生活保育工作任务为载体,加强理论教学与实践教学的结合,充分利用各种实训场所与设备,促进教与学方式的转变。

4. 教师应坚持以学生为中心的教学理念,充分尊重学生,遵循学生认知特点和学习规律,努力成为学生学习的组织者、指导者和同伴。

5. 采取灵活多样的教学方式,充分调动学生学习的积极性、能动性,积极探索自主学习、合作学习、探究式学习、问题导向式学习、体验式学习、混合式学习等体现教学新理念的教学方式。同时创造条件进行实景教学,提高学生解决幼儿园生活活动保育工作实际问题的能力。

6. 充分利用信息技术进行线上线下混合在线教学,提高教学效率。

7. 工学结合,组织学生到幼儿园见习 1—2 周,在职业现场进行学习,以加深学生对课程内容的理解,提升教学质量。

（三）教学评价建议

1. 要以本课程标准为依据,开展基于标准的教学评价。

2. 以评促教、以评促学,通过课堂教学及时评价,不断改进教学方法与手段。

3. 教学评价始终坚持德技并重的原则,构建德技融合的专业课教学评价体系,把德育和职业素养的评价内容与要求细化为具体的评价指标,有机融入专业知识与技能的评价指标体系,形成可观察可测量的评价量表,综合评价学生学习情况。通过有效评价,在日常教学中不断促进学生思想品德和职业素养的形成。

4. 注重日常教学中对学生学习过程的评价。充分利用多种过程性评价工具,如评价表、记录袋等,积累过程性评价数据,形成过程性评价与终结性评价相结合的评价模式。

5. 教学评价的主体可以多元化,采取教师评价、学生自评和互评相结合的方式。

6. 要体现课程在评价上的特殊性,应注重对学生在实践中分析问题、解决问题能力的考核,对学习和应用上有创新的学生应给予特别鼓励,综合评价学生能力。

（四）资源利用建议

1. 就近优质幼儿园的环境、幼儿和保教人员都是本课程重要的教育资源,应密切与学校附近优质幼儿园的关系,共享教育资源,充分发挥其作用。

2. 园校合作开发教学资源,所有操作要配备规范操作视频,并尽量提供实景视频,帮助学生了解幼儿生活活动保育工作实际。

3. 校内,创建仿真模拟实训室,创设真实的学习情境;同时充分利用并完善校内生活活动保育实训设备,确保实训教学顺利进行。校外,努力创建优质实训基地,通过见习,满足学生综合职业能力提升的要求。

4. 充分利用信息技术,提高教育教学效益。积极创造条件建设课程教学交流平台、互动教学平台、远程教学系统等,同时充分利用搜索引擎、电子书籍、电子期刊、数字图书馆、教育网站和教学资源网站等网络信息资源,提高教学效率。

幼儿安全照护课程标准

▌课程名称

幼儿安全照护

▌适用专业

中等职业学校幼儿保育专业

一、课程性质

本课程是中等职业学校幼儿保育专业的一门专业核心课程,也是一门专业必修课程。其功能是使学生掌握幼儿园幼儿安全照护的基本知识与技能,具备从事幼儿园幼儿安全照护相关工作的基本职业能力。本课程与托幼机构保教工作基础课程有一定的联系,可为幼儿健康照护课程的学习奠定基础。

二、设计思路

本课程遵循任务引领、理实一体的原则,根据中职幼儿保育专业的工作任务和职业能力分析结果,以"幼儿安全照护"工作领域的相关工作任务与职业能力分析结果为依据而设置。

课程内容紧紧围绕幼儿安全照护职业能力培养的需要,选取了幼儿常见急症、幼儿意外伤害及幼儿园重大突发事件的识别、应对与预防,以及安全照护工作过程记录、家园沟通等内容,遵循适度够用的原则,确定相关理论知识、专业技能与要求,并融入《保育员国家职业技能标准(2019 年版)》、上海市保育师(五级、四级)职业技能鉴定考核,以及《保育师国家职业技能标准(2021 年版)》的相关要求。

课程内容组织按照职业能力发展规律和学生认知规律,以幼儿安全照护的典型工作任务为线索,经过分析、转化、序化,设有托幼机构紧急救助认知、幼儿常见急症识别与应对、幼儿意外伤害识别与应对、幼儿园重大突发事件应急处理与预防 4 个学习任务,以任务为引领,通过学习任务整合相关知识、技能与职业素养。

本课程建议课时为 54 学时。

三、课程目标

通过本课程的学习,学生熟悉幼儿安全照护相关的紧急救助、常见急症症状与照护、意外伤害应急处理与预防等基础知识,掌握幼儿常见急症、幼儿意外伤害、幼儿园重大突发事件的识别、应对与预防技能,以及幼儿自我保护教育、家长交流沟通、书写工作记录等技能,达到《保育员国家职业技能标准(2019 年版)》四级和上海市保育师(四级)职业技能鉴定考核的相关要求,具体达成以下职业素养和职业能力目标。

(一) 职业素养目标

- 认同幼儿安全照护工作的重要价值,积极投入幼儿安全照护的学习与工作,初步具有保护幼儿生命安全的责任感、使命感。

- 关心爱护幼儿,以生命至上的理念、分秒必争的行动,努力维护幼儿的生命安全。

- 紧急救助规范意识强,沉着、细致,对幼儿关怀备至,与家长沟通暖心、贴心且富有同理心,充满人文关怀。

- 养成认真细心、钻研探索、反思改进的习惯,具备安全意识、合作意识、规范意识、时间效率意识、劳动意识等。

(二) 职业能力目标

- 能初步识别幼儿常见急症,并根据初步的评估情况采取合理的应对措施,同时做好相应的预防工作。

- 能初步识别幼儿意外伤害,并根据初步的评估情况采取合理的应对措施,同时做好相应的预防工作。

- 能识别幼儿园重大突发事件,并根据初步的评估情况采取合理的应急措施,同时做好相应的防范工作。

- 能在一日活动中对幼儿进行自我保护教育。

- 能在紧急伤病事件发生后保护现场幼儿,并配合同事与事件相关人员进行沟通与疏导。

- 能规范记录幼儿安全照护工作过程。

- 能根据幼儿安全照护的实际情况,与家长进行有效沟通。

- 能自我反思分析,不断改进幼儿安全照护工作。

四、课程内容与要求

学习任务	技能与学习要求	知识与学习要求	参考学时
1. 托幼机构紧急救助认知	1. 绘制紧急救助流程图 ● 能绘制托幼机构紧急救助流程图	1. 托幼机构紧急救助的内涵 ● 简述紧急救助的含义与类型 ● 概述幼儿急症与意外伤害的主要特点 ● 说明托幼机构紧急救助的目的	8

(续表)

学习任务	技能与学习要求	知识与学习要求	参考学时
1. 托幼机构紧急救助认知		2. 托幼机构紧急救助的原则、流程与注意事项 ● 叙述托幼机构紧急救助实施的原则 ● 记住托幼机构紧急救助的流程及注意事项 3. 观察现场与伤情评估内容与要求 ● 叙述观察现场的主要内容 ● 记住伤者生命体征评估的三个指标及其异常表现 4. 托幼机构伤病事件的类型 ● 复述托幼机构伤病事件的类型	
	2. 向专业救援机构求助 ● 能根据幼儿伤病评估及突发事件的具体情况,选择合适的救助电话,规范拨打120、110、119救助电话	5. 紧急情况下的求助要求 ● 阐述紧急情况下向身边人及专业救援机构求助的意义 ● 说明拨打120急救电话的步骤和注意事项 ● 说明拨打110治安报警电话的步骤和注意事项 ● 说明拨打119消防报警电话的步骤和注意事项	
	3. 记录紧急伤病事件 ● 能按要求规范填写紧急伤病事件记录表	6. 紧急伤病事件记录的要求 ● 阐述托幼机构紧急伤病事件记录的意义 ● 列举托幼机构紧急伤病事件记录的主要内容	
	4. 与伤病事件相关人员的沟通与疏导 ● 能初步分析与伤病事件相关人员(幼儿、家长)进行沟通的有效性 ● 能识别幼儿情绪、行为等方面的异常表现,并初步评估幼儿受到心理创伤的程度 ● 能初步分析对心理创伤幼儿进行心理疏导的有效性	7. 伤病事件发生后的沟通要求与注意事项 ● 叙述与经历、目睹或听闻伤病事件的幼儿沟通时的重点及常用方法 ● 叙述与伤病幼儿家长沟通时的重点、方法及注意事项 ● 阐述与伤病幼儿家长和其他幼儿家长表达关注时的沟通重点及主要内容 8. 伤病事件发生后的疏导要求 ● 阐述幼儿经历伤病事件后的心理创伤评估要素及主要表现 ● 简述对经历伤病事件幼儿实施心理疏导的重点及主要措施 ● 列举经历伤病事件后保教人员自我心理疏导的主要途径	

（续表）

学习任务	技能与学习要求	知识与学习要求	参考学时
1. 托幼机构紧急救助认知		9. 伤病事件的追踪与善后要求 ● 介绍对伤病幼儿表达关注的主要途径 ● 简述伤病事件发生后对外公开信息的重点及注意事项	
2. 幼儿常见急症识别与应对	1. 幼儿鼻出血的识别与应对 ● 能识别幼儿鼻出血的程度 ● 能规范处理幼儿鼻出血 ● 能与鼻出血幼儿及其家长进行有效沟通,并进行疏导 ● 能对幼儿进行鼻出血自我保护教育 ● 能规范记录幼儿鼻出血的识别与应对过程,并不断反思改进	1. 幼儿鼻出血的病因、症状及危害 ● 概述幼儿鼻出血的病因、症状及危害 2. 幼儿鼻出血的救助步骤及注意事项 ● 说明幼儿鼻出血的救助步骤 ● 解释幼儿鼻出血救助时的注意事项 3. 与鼻出血幼儿及家长的沟通与疏导要点 ● 简述与鼻出血幼儿的沟通与疏导要点 ● 简述与鼻出血幼儿家长的沟通与疏导要点 4. 幼儿鼻出血自我保护教育方法 ● 列举幼儿鼻出血自我保护教育方法	14
	2. 幼儿过敏的识别与应对 ● 能识别幼儿过敏症状与患病程度 ● 能初步处理幼儿过敏 ● 能与过敏幼儿及其家长进行有效沟通,并进行疏导 ● 能对幼儿进行过敏自我保护教育 ● 能规范记录幼儿过敏的识别与应对过程,并不断反思改进	5. 幼儿过敏的病因、症状及危害 ● 概述幼儿过敏的病因、症状及危害 6. 幼儿过敏的处理步骤及注意事项 ● 说明幼儿过敏的处理步骤 ● 解释幼儿过敏处理时的注意事项 7. 与过敏幼儿及家长的沟通与疏导要点 ● 简述与过敏幼儿的沟通与疏导要点 ● 简述与过敏幼儿家长的沟通与疏导要点 8. 幼儿过敏自我保护教育方法 ● 列举幼儿过敏自我保护教育方法	
	3. 幼儿惊厥的识别与应对 ● 能识别幼儿惊厥与患病程度 ● 能规范处理幼儿惊厥 ● 能与惊厥幼儿及其家长进行有效沟通,并进行疏导 ● 能对幼儿进行惊厥自我保护教育 ● 能规范记录幼儿惊厥的识别与应对过程,并不断反思改进	9. 幼儿惊厥的病因、症状及危害 ● 概述幼儿惊厥的病因、症状及危害 10. 幼儿惊厥的救助步骤及注意事项 ● 说明幼儿惊厥的救助步骤 ● 解释幼儿惊厥救助时的注意事项 11. 与惊厥幼儿及家长的沟通与疏导要点 ● 简述与惊厥幼儿的沟通与疏导要点 ● 简述与惊厥幼儿家长的沟通与疏导要点 12. 幼儿惊厥自我保护教育方法 ● 列举幼儿惊厥自我保护教育方法	

（续表）

学习任务	技能与学习要求	知识与学习要求	参考学时
2. 幼儿常见急症识别与应对	4. 幼儿晕厥的识别与应对 ● 能识别幼儿晕厥与患病程度 ● 能规范处理幼儿晕厥 ● 能与晕厥幼儿及其家长进行有效沟通，并进行疏导 ● 能对幼儿进行晕厥自我保护教育 ● 能规范记录幼儿晕厥的识别与应对过程，并不断反思改进	13. 幼儿晕厥的病因、症状及危害 ● 概述幼儿晕厥的病因、症状及危害 14. 幼儿晕厥的救助步骤及注意事项 ● 说明幼儿晕厥的救助步骤 ● 解释幼儿晕厥救助时的注意事项 15. 与晕厥幼儿及家长的沟通与疏导要点 ● 简述与晕厥幼儿的沟通与疏导要点 ● 简述与晕厥幼儿家长的沟通与疏导要点 16. 幼儿晕厥自我保护教育方法 ● 列举幼儿晕厥自我保护教育方法	
	5. 幼儿呼吸困难的识别与应对 ● 能识别幼儿呼吸困难及其程度 ● 能规范处理幼儿呼吸困难 ● 能与呼吸困难幼儿及其家长进行有效沟通，并进行疏导 ● 能对幼儿进行呼吸困难自我保护教育 ● 能规范记录幼儿呼吸困难的识别与应对过程，并不断反思改进	17. 幼儿呼吸困难的定义、病因、症状及危害 ● 概述幼儿呼吸困难的定义、病因、症状及危害 18. 幼儿呼吸困难的救助步骤及注意事项 ● 说明幼儿呼吸困难的救助步骤 ● 解释幼儿呼吸困难救助时的注意事项 19. 与呼吸困难幼儿及其家长的沟通与疏导要点 ● 简述与呼吸困难幼儿的沟通与疏导要点 ● 简述与呼吸困难幼儿家长的沟通与疏导要点 20. 幼儿呼吸困难自我保护教育方法 ● 列举幼儿呼吸困难自我保护教育方法	
3. 幼儿意外伤害识别与应对	1. 幼儿小外伤的识别与应对 ● 能初步识别幼儿小外伤的类型，并规范地进行应急处理 ● 能采取有效措施预防幼儿小外伤 ● 能与小外伤幼儿及其家长进行有效沟通，并进行疏导 ● 能对幼儿进行小外伤自我保护教育 ● 能规范记录幼儿小外伤的识别与应对过程，并不断反思改进	1. 幼儿小外伤的定义、类型、原因、体征及危害 ● 记住小外伤的定义与类型 ● 概述幼儿小外伤的原因、体征及危害 2. 幼儿小外伤的预防要点 ● 列举幼儿小外伤的预防要点 3. 幼儿小外伤的应对方法 ● 说明幼儿小外伤的规范处理方法 ● 简述与小外伤幼儿及其家长的沟通与疏导要点 4. 幼儿小外伤自我保护教育方法 ● 列举幼儿小外伤自我保护教育方法	22

（续表）

学习任务	技能与学习要求	知识与学习要求	参考学时
3. 幼儿意外伤害识别与应对	2. 幼儿烫伤、烧伤的识别与应对 ● 能初步识别幼儿烫伤、烧伤的程度，并规范地进行应急处理 ● 能采取有效措施预防幼儿烫伤、烧伤 ● 能与烧伤、烫伤幼儿及其家长进行有效沟通，并进行疏导 ● 能对幼儿进行烧伤、烫伤自我保护教育 ● 能规范记录幼儿烧伤、烫伤的识别与应对过程，并不断反思改进	5. 幼儿烫伤、烧伤的定义、类型、原因、体征及危害 ● 记住烫伤、烧伤的定义与类型 ● 概述幼儿烫伤、烧伤的原因、体征及危害 6. 幼儿烫伤、烧伤的预防要点 ● 列举幼儿烫伤、烧伤的预防要点 7. 幼儿烫伤、烧伤的应对方法 ● 说明幼儿烫伤、烧伤的规范处理方法 ● 简述与烫伤、烧伤幼儿及其家长的沟通与疏导要点 8. 幼儿烧伤、烫伤自我保护教育方法 ● 列举幼儿烧伤、烫伤自我保护教育方法	
	3. 幼儿异物入体的识别与应对 ● 能初步识别幼儿异物入体的部位及程度，并规范地进行应急处理 ● 能采取有效措施预防幼儿异物入体 ● 能与异物入体幼儿及其家长进行有效沟通，并进行疏导 ● 能对幼儿进行异物入体自我保护教育 ● 能规范记录幼儿异物入体的识别与应对过程，并不断反思改进	9. 幼儿异物入体的原因、部位、程度及危害 ● 简述幼儿异物入体的原因与常见部位 ● 描述不同异物入体幼儿的不同受伤程度及危害 10. 幼儿异物入体的预防要点 ● 概述幼儿异物入体的预防要点 11. 幼儿异物入体的应对方法 ● 说明幼儿不同部位异物入体的处理步骤与方法 ● 简述与异物入体幼儿及其家长的沟通与疏导要点 12. 幼儿异物入体自我保护教育方法 ● 列举幼儿异物入体自我保护教育方法	
	4. 幼儿骨、关节、肌肉受伤的识别与应对 ● 能初步识别幼儿受伤的部位及程度，并规范地进行应急处理 ● 能采取有效措施预防幼儿骨、关节、肌肉受伤 ● 能与受伤幼儿及其家长进行有效沟通，并进行疏导 ● 能对幼儿进行骨、关节、肌肉受伤自我保护教育 ● 能规范记录幼儿骨、关节、肌肉受伤的识别与应对过程，并不断反思改进	13. 幼儿骨、关节、肌肉受伤的原因、部位、程度及危害 ● 概述幼儿骨、关节、肌肉受伤的原因与常见部位 ● 介绍幼儿骨、关节、肌肉受伤的不同受伤程度及危害 14. 幼儿骨、关节、肌肉受伤的预防要点 ● 列举幼儿骨、关节、肌肉受伤的预防要点 15. 幼儿骨、关节、肌肉受伤的应对方法 ● 说明幼儿不同部位、不同受伤程度的处理步骤与方法 ● 简述与骨、关节、肌肉受伤幼儿及其家长的沟通与疏导要点 16. 幼儿骨、关节、肌肉受伤自我保护教育方法 ● 列举幼儿骨、关节、肌肉自我保护教育方法	

学习任务	技能与学习要求	知识与学习要求	参考学时
3. 幼儿意外伤害识别与应对	5. 幼儿被动物伤害的识别与应对 ● 能初步识别幼儿被动物伤害的部位及程度，并规范地进行应急处理 ● 能采取有效措施预防幼儿被动物伤害 ● 能与被动物伤害幼儿及其家长进行有效沟通，并进行疏导 ● 能对幼儿进行动物伤害自我保护教育 ● 能规范记录幼儿被动物伤害的识别与应对过程，并不断反思改进	17. 幼儿被动物伤害的原因、常见部位、受伤体征及危害 ● 概述幼儿被动物伤害的原因与常见部位 ● 介绍幼儿被动物伤害的不同受伤程度的体征及危害 18. 幼儿被动物伤害的预防要点 ● 介绍幼儿被动物伤害的预防要点 19. 幼儿被动物伤害的应对方法 ● 说明幼儿被动物伤害的处理步骤与方法 ● 简述与被动物伤害幼儿及其家长的沟通与疏导要点 20. 幼儿被动物伤害自我保护教育方法 ● 列举幼儿被动物伤害自我保护教育方法	
	6. 幼儿急性中毒的识别与应对 ● 能初步识别幼儿急性中毒的症状与有毒物，并规范地进行应急处理 ● 能采取有效措施预防幼儿急性中毒 ● 能与急性中毒幼儿及其家长进行有效沟通，并进行疏导 ● 能对幼儿进行急性中毒自我保护教育 ● 能规范记录幼儿急性中毒的识别与应对过程，并不断反思改进	21. 幼儿急性中毒的原因、有毒物、体征及危害 ● 简述幼儿急性中毒的原因 ● 描述引起幼儿急性中毒的有毒物、中毒体征及危害 22. 幼儿急性中毒的预防要点 ● 概述幼儿急性中毒的预防要点 23. 幼儿急性中毒的应对方法 ● 说明常见有毒物引起幼儿急性中毒的不同处理步骤与方法 ● 简述与急性中毒幼儿及其家长的沟通与疏导要点 24. 幼儿急性中毒自我保护教育方法 ● 列举幼儿急性中毒自我保护教育方法	
	7. 幼儿道路交通伤害的预防及处理 ● 能初步识别幼儿道路交通伤害的部位及程度，并规范地进行应急处理 ● 能采取有效措施预防幼儿道路交通伤害 ● 能与道路交通伤害幼儿及其家长进行有效沟通，并进行疏导 ● 能对幼儿进行道路交通伤害自我保护教育 ● 能规范记录幼儿道路交通伤害的应对过程，并不断反思改进	25. 幼儿道路交通伤害的原因、受伤体征及危害 ● 简述幼儿道路交通伤害的原因 ● 描述幼儿道路交通伤害的不同受伤程度的体征及危害 26. 幼儿道路交通伤害的预防要点 ● 概述幼儿道路交通伤害的预防要点 27. 幼儿道路交通伤害的应对方法 ● 说明幼儿道路交通伤害的处理步骤与方法 ● 简述与道路交通伤害幼儿及其家长的沟通与疏导要点 28. 幼儿道路交通伤害自我保护教育方法 ● 列举幼儿道路交通伤害自我保护教育方法	

（续表）

学习任务	技能与学习要求	知识与学习要求	参考学时
3. 幼儿意外伤害识别与应对	8. 幼儿溺水的识别与应对 ● 能初步识别幼儿溺水的伤害程度，并规范地进行应急处理 ● 能采取有效措施预防幼儿溺水 ● 能与溺水幼儿及其家长进行有效沟通，并进行疏导 ● 能对幼儿进行溺水自我保护教育 ● 能规范记录幼儿溺水的识别与应对过程，并不断反思改进	29. 幼儿溺水的原因、受伤体征及危害 ● 简述幼儿溺水的原因 ● 描述幼儿溺水的不同受伤程度的体征及危害 30. 幼儿溺水的预防要点 ● 概述幼儿溺水的预防要点 31. 幼儿溺水的应对方法 ● 说明幼儿溺水的处理步骤与方法 ● 简述与溺水幼儿及其家长的沟通与疏导要点 32. 幼儿溺水自我保护教育方法 ● 列举幼儿溺水自我保护教育方法	
4. 幼儿园重大突发事件应急处理与预防	1. 幼儿园火灾预防与应急处理 ● 能根据火灾的程度采取相应的应急措施 ● 能采取有效措施预防幼儿园火灾 ● 能与经历火灾的幼儿及其家长进行有效沟通，并进行疏导 ● 能对幼儿进行火灾自我保护教育 ● 能规范记录幼儿园火灾的应对过程，并不断反思改进	1. 幼儿园火灾的原因及危害 ● 概述幼儿园火灾的原因及危害 2. 幼儿园火灾的预防要点 ● 列举预防幼儿园火灾的措施 ● 记住常见消防标记及其含义 3. 幼儿园火灾的应对方法 ● 说明幼儿园火灾的应急处理步骤与方法 ● 简述与经历火灾的幼儿及其家长的沟通与疏导要点 4. 幼儿火灾自我保护教育方法 ● 列举幼儿火灾自我保护教育方法	10
	2. 幼儿园暴力伤害事件预防与应急处理 ● 能根据暴力伤害事件的程度采取相应的应急措施 ● 能采取有效措施预防幼儿园暴力伤害事件 ● 能与经历暴力伤害事件的幼儿及其家长进行有效沟通，并进行疏导 ● 能对幼儿进行暴力伤害自我保护教育 ● 能规范记录幼儿园暴力伤害事件的应对过程，并不断反思改进	5. 幼儿园暴力伤害事件的原因及危害 ● 概述幼儿园暴力伤害事件的原因及危害 6. 幼儿园暴力伤害事件的预防要点 ● 列举预防幼儿园暴力伤害事件的措施 7. 幼儿园暴力伤害事件的应对方法 ● 说明幼儿园暴力伤害事件的应急处理步骤与方法 ● 简述与经历暴力伤害事件的幼儿及其家长的沟通与疏导要点 8. 幼儿暴力伤害自我保护教育方法 ● 列举幼儿暴力伤害自我保护教育方法	

学习任务	技能与学习要求	知识与学习要求	参考学时
4. 幼儿园重大突发事件应急处理与预防	3. 幼儿园冒领走失事件预防与应急处理 ● 能根据冒领走失事件的程度采取相应的应急措施 ● 能采取有效措施预防幼儿园冒领走失事件 ● 能与经历冒领走失事件的幼儿及其家长进行有效沟通，并进行疏导 ● 能对幼儿进行冒领走失自我保护教育 ● 能规范记录幼儿园冒领走失事件的应对过程，并不断反思改进	9. 幼儿园冒领走失事件的原因及危害 ● 概述幼儿园冒领走失事件的原因及危害 10. 幼儿园冒领走失事件的预防要点 ● 列举预防幼儿园冒领走失事件的措施 11. 幼儿园冒领走失事件的应对方法 ● 说明幼儿园冒领走失事件的应急处理步骤与方法 ● 简述与经历冒领走失事件的幼儿及其家长的沟通与疏导要点 12. 幼儿冒领走失自我保护教育方法 ● 列举幼儿冒领走失自我保护教育方法	
	4. 幼儿园性侵害事件的预防与应急处理 ● 能根据性侵害事件的程度采取相应的应急措施 ● 能采取有效措施预防幼儿园性侵害事件 ● 能与经历性侵害事件的幼儿及其家长进行有效沟通，并进行疏导 ● 能对幼儿进行性侵害自我保护教育 ● 能规范记录幼儿园性侵害事件的应对过程，并不断反思改进	13. 幼儿园性侵害事件的原因及危害 ● 概述幼儿园性侵害事件的原因及危害 14. 幼儿园性侵害事件的预防要点 ● 列举预防幼儿园性侵害事件的措施 15. 幼儿园性侵害事件的应对方法 ● 说明幼儿园性侵害事件的应急处理步骤与方法 ● 简述与经历性侵害事件的幼儿及其家长的沟通与疏导要点 16. 幼儿性侵害自我保护教育方法 ● 列举幼儿性侵害自我保护教育方法	
	5. 幼儿园踩踏事件预防与应急处理 ● 能根据踩踏事件幼儿伤害的程度采取相应的应急措施 ● 能采取有效措施预防幼儿园踩踏事件 ● 能与经历踩踏事件的幼儿及其家长进行有效沟通，并进行疏导 ● 能对幼儿进行踩踏事件自我保护教育 ● 能规范记录幼儿园踩踏事件的应对过程，并不断反思改进	17. 幼儿园踩踏事件的原因及危害 ● 概述幼儿园踩踏事件的原因及危害 18. 幼儿园踩踏事件的预防要点 ● 列举预防幼儿园踩踏事件的措施 19. 幼儿园踩踏事件的应对方法 ● 说明幼儿园踩踏事件的应急处理步骤与方法 ● 简述与经历踩踏事件的幼儿及其家长的沟通与疏导要点 20. 幼儿踩踏事件自我保护教育方法 ● 列举幼儿踩踏事件自我保护教育方法	
总学时			54

五、实施建议

（一）教材编写与选用建议

1. 应依据本课程标准编写教材或选用教材，从国家和市级教育行政部门发布的教材目录中选用教材，优先选用国家和市级规划教材。

2. 教材要充分体现育人功能，紧密结合教材内容、素材，有机融入课程思政要求，将课程思政内容与专业知识、技能有机统一。

3. 树立以学生为中心的教材观，教材的结构和内容应符合中职学生认知特点与学习规律。

4. 教材应以"幼儿安全照护"工作领域的职业能力为逻辑线索，按照职业能力培养由易到难、由简单到复杂、由单一到综合的规律，确定教材各部分的目标、内容，并进行相应的任务、活动设计等，从而建立起一个结构清晰、层次分明的教材内容体系。

5. 教材内容应体现实用性、先进性、前瞻性，将学前儿童安全照护方面的新理念、新知识、新方法及时纳入其中，对接《保育员国家职业技能标准(2019 年版)》和保育师岗位要求，并吸收学前教育先进行业文化和优秀幼儿园文化。教材具有真实的职业情境，职场感强。

6. 教材要贴近学生生活，贴近职场，采用生动活泼的、学生乐于接受的语言、图表等去呈现内容，让学生在使用教材时有亲切感、真实感。

7. 鼓励园校合作开发教材，教材呈现形式多样化，倡导开发工作手册式新形态融媒体教材，并配套开发信息化资源或数字教材。

（二）教学实施建议

1. 切实推进课程思政建设，寓价值观引导、职业道德教育、职业情感教育、职业精神教育、劳动教育等于教育教学全过程，帮助学生树立职业理想，同时塑造正确的世界观、人生观、价值观。要深入梳理教学内容，结合课程特点，深入挖掘课程思政元素，有机融入课程教学，达到润物无声的育人效果。

2. 教学实施要基于本课程标准，结合学前教育行业的变化和学生实际及时优化与调整。

3. 教学要充分体现"实践导向、任务引领、理实一体、做学合一"的职教课改理念，紧密联系幼儿安全照护工作实际，以具体的安全照护工作任务为载体，加强理论教学与实践教学的结合，充分利用各种实训场所与设备，促进教与学方式的转变。

4. 教师应坚持以学生为中心的教学理念，充分尊重学生，遵循学生认知特点和学习规律，努力成为学生学习的组织者、指导者和同伴。

5. 采取灵活多样的教学方式，充分调动学生学习的积极性、能动性，积极探索自主学习、合作学习、探究式学习、问题导向式学习、体验式学习、混合式学习等体现教学新理念的教学方式。同时创造条件进行实景教学,提高学生解决幼儿安全照护工作实际问题的能力。

6. 充分利用信息技术进行线上线下混合在线教学,提高教学效率。

7. 工学结合,组织学生到幼儿园见习1—2周,在职业现场进行学习,以加深学生对课程内容的理解,提升教学质量。

(三)教学评价建议

1. 要以本课程标准为依据,开展基于标准的教学评价。

2. 以评促教、以评促学,通过课堂教学及时评价,不断改进教学方法与手段。

3. 教学评价始终坚持德技并重的原则,构建德技融合的专业课教学评价体系,把德育和职业素养的评价内容与要求细化为具体的评价指标,有机融入专业知识与技能的评价指标体系,形成可观察可测量的评价量表,综合评价学生学习情况。通过有效评价,在日常教学中不断促进学生思想品德和职业素养的形成。

4. 注重日常教学中对学生学习过程的评价。充分利用多种过程性评价工具,如评价表、记录袋等,积累过程性评价数据,形成过程性评价与终结性评价相结合的评价模式。

5. 教学评价的主体可以多元化,采取教师评价、学生自评和互评相结合的方式。

6. 要体现课程在评价上的特殊性,应注重对学生在实践中分析问题、解决问题能力的考核,对学习和应用上有创新的学生应给予特别鼓励,综合评价学生能力。

(四)资源利用建议

1. 就近优质幼儿园的环境、幼儿和保教人员都是本课程重要的教育资源,应密切与学校附近优质幼儿园的关系,共享教育资源,充分发挥其作用。

2. 园校合作开发教学资源,所有操作要配备规范操作视频,并尽量提供实景视频,帮助学生了解幼儿安全照护工作实际。

3. 校内,创建仿真模拟实训室,创设真实的学习情境;同时充分利用并完善校内安全照护实训设备,确保实训教学顺利进行。校外,努力创建优质实训基地,通过见习,满足学生综合职业能力提升的要求。

4. 充分利用信息技术,提高教育教学效益。积极创造条件建设课程教学交流平台、互动教学平台、远程教学系统等,同时充分利用搜索引擎、电子书籍、电子期刊、数字图书馆、教育网站和教学资源网站等网络信息资源,提高教学效率。

幼儿健康照护课程标准

┃ 课程名称

幼儿健康照护

┃ 适用专业

中等职业学校幼儿保育专业

一、课程性质

本课程是中等职业学校幼儿保育专业的一门专业核心课程,也是一门专业必修课程。其功能是使学生掌握幼儿园幼儿健康照护的基本知识与技能,具备从事幼儿园幼儿健康照护相关工作的基本职业能力。本课程是托幼机构保教工作基础、幼儿安全照护等课程的后续课程,可为幼儿生活活动保育、幼儿园教育活动保育等专业课程的学习奠定基础。

二、设计思路

本课程遵循任务引领、理实一体的原则,根据中职幼儿保育专业的工作任务与职业能力分析结果,以"幼儿健康照护"工作领域的相关工作任务与职业能力为依据而设置。

课程内容紧紧围绕幼儿健康照护职业能力培养的需要,选取了幼儿健康检查、体格监测、常见病症识别应对、常见传染病应急处理等内容,遵循适度够用的原则,确定相关理论知识、专业技能与要求,并融入《保育员国家职业技能标准(2019 年版)》、上海市保育师(五级、四级)职业技能鉴定考核,以及《保育师国家职业技能标准(2021 年版)》的相关要求。

课程内容组织按照职业能力发展规律和学生认知规律,以幼儿健康照护的典型工作任务为线索,经过分析、转化、序化,设有健康检查与异常状况应对、体格监测与发育异常应对、常见病症识别与应对、常见传染病应急处理与预防 4 个学习任务,以任务为引领,通过学习任务整合相关知识、技能与职业素养。

本课程建议课时为 72 学时。

三、课程目标

通过本课程的学习,学生熟悉幼儿健康照护相关的幼儿身体发育、健康评估、初级照护、幼儿常见病症等基本知识,掌握体格发育测量、生长发育评估、晨(午)间检查、全日健康观察、体温/脉搏/呼吸测量、消毒液配制、圆弧刷牙法等幼儿健康照护技能,达到《保育员国家职业技能标准(2019 年版)》四级和上海市保育师(四级)职业技能鉴定考核的相关考核要求,具体达成以下职业素养和职业能力目标。

(一)职业素养目标

- 认同幼儿健康照护工作的重要价值,积极投入幼儿健康照护的学习与工作,初步具有保护幼儿生命健康的责任感、使命感。

- 关心爱护幼儿,初步形成幼儿为重、健康为先、保教结合的思想意识。

- 健康照护规范意识强,耐心、细心,对幼儿关怀备至,与家长沟通暖心、贴心且富有同理心,充满人文关怀。

- 养成认真细心、钻研探索、反思改进的习惯,具备合作意识、规范意识、时间效率意识、健康意识、劳动意识等。

(二)职业能力目标

- 能协助保健员为幼儿进行体格测量及生长发育初步评价,并为体格发育异常及营养障碍的幼儿提供照护,同时做好照护工作记录。

- 能协助保健员进行幼儿晨间检查、午间检查和全日观察,敏锐发现、记录幼儿身体健康异常的表现,并为生病的幼儿提供健康照护,与保健员、幼儿家长等进行有效沟通。

- 能在一日活动中细心观察幼儿,敏锐发现并初步评估幼儿常见病症(如发热、异常排便、皮疹等),妥善应对,并完整填写工作记录。

- 能在保健员的指导下,熟练配制幼儿园各区域常用浓度的消毒液,按规范要求对环境与物品进行消毒,并做好消毒工作记录。

- 能在保健员的指导下,协助教师做好幼儿常见疾病的日常预防工作,并在幼儿确诊传染病时,做好患儿隔离、环境和物品终末消毒、医学观察及与家长沟通等工作。

- 能根据幼儿年龄特点,配合教师引导幼儿在一日活动中逐渐养成良好健康习惯,及时发现并帮助幼儿纠正不良健康习惯,不断提高幼儿的健康意识。

- 能主动了解并熟悉班级幼儿的健康情况,关注不同幼儿的健康发展需求,通过工作记录、深入反思、团队集体研讨及家园沟通合作,不断促进幼儿身心健康发展。

四、课程内容与要求

学习任务	技能与学习要求	知识与学习要求	参考学时
1. 健康检查与异常状况应对	1. 协助开展幼儿入园体检和定期体检 ● 能在保健员的指导下,配合教师做好幼儿入园体检和定期体检工作 ● 能配合教师,将幼儿体检结果及时、准确地反馈给幼儿家长,并与家长进行有效沟通	1. 幼儿健康的含义与主要标志 ● 解释幼儿健康的含义 ● 列举幼儿健康的主要标志 2. 幼儿健康检查的主要种类及目的 ● 描述托幼机构幼儿健康检查的主要种类 ● 简述托幼机构幼儿健康检查的主要目的 3. 幼儿入园体检的目的、内容与要求 ● 简述幼儿入园体检的目的、内容与要求 ● 举例说明在入园体检中针对健康异常幼儿的处理方法 4. 幼儿定期体检的目的、内容与要求 ● 简述托幼机构幼儿定期体检的目的、内容与要求 ● 举例说明在定期体检中针对健康异常幼儿的处理方法	8
	2. 协助开展幼儿晨、午间检查及全日健康观察 ● 能协助保健员对幼儿进行晨间检查,并对常见异常情况采取恰当的应对措施 ● 能对幼儿进行午间检查,并对常见异常情况采取恰当的应对措施 ● 能对幼儿进行全日健康观察,并对常见异常情况采取恰当的应对措施 ● 能规范记录晨、午间检查及全日健康观察工作	5. 托幼机构晨间检查的内容与方法 ● 记住托幼机构晨间检查的目的、内容与方法 ● 举例说明晨间检查中常见异常情况的处理方法 6. 托幼机构午间检查的内容与方法 ● 记住托幼机构午间检查的目的、内容与方法 ● 举例说明午间检查中常见异常情况的处理方法 7. 托幼机构全日健康观察的目的、内容与方法 ● 记住托幼机构全日健康观察的目的、内容与方法 ● 举例说明全日健康观察中常见异常情况的处理方法	
	3. 幼儿接种不良反应识别与应对 ● 能细心观察并敏锐发现幼儿接种后的不良反应,采取恰当的应对措施,并进行规范记录	8. 幼儿免疫系统的发育特点 ● 简述幼儿免疫系统的发育特点 ● 说明幼儿免疫能力提升的主要途径或方法 9. 计划免疫的意义与内容 ● 简述计划免疫的意义 ● 说明我国儿童计划免疫的主要内容	

（续表）

学习任务	技能与学习要求	知识与学习要求	参考学时
1. 健康检查与异常状况应对		10. 幼儿接种后常见的不良反应与处理方法 ● 列举幼儿接种后常见的不良反应 ● 说明幼儿接种后出现不良反应的处理措施	
2. 体格监测与发育异常应对	1. 幼儿体格指标测量 ● 能根据幼儿年龄，按要求选择恰当的体格测量工具，为幼儿进行常用体格指标的测量，并规范记录幼儿体格指标测量结果	1. 幼儿生长发育的基本规律 ● 陈述学前儿童各年龄段的划分 ● 举例说明幼儿生长发育的基本规律 2. 影响幼儿生长发育的主要因素 ● 举例说明影响幼儿生长发育的主要因素 3. 幼儿体格测量的主要意义与一般要求 ● 简述幼儿体格测量的主要意义 ● 概述幼儿体格测量的一般要求 4. 幼儿体格测量的方法 ● 简述幼儿常用体格指标(身高/长、体重、头围、胸围)的发育特点及测量意义 ● 记住幼儿常用体格指标(身高/长、体重、头围、胸围)的测量步骤与方法	16
	2. 幼儿体格生长评价 ● 能根据幼儿年龄及所测体格指标，选择恰当的参照标准，使用等级评价法对幼儿体格生长情况进行初步评价 ● 能根据幼儿体格指标测量值，使用生长发育曲线图评价法对幼儿体格生长情况进行初步评价	5. 幼儿体格生长评价的基本要求 ● 简述幼儿体格生长评价的基本要求 ● 说明我国儿童体格生长评价的常用参照标准及使用方法 6. 幼儿体格生长评价的主要内容及内涵 ● 说明幼儿体格生长评价的主要内容及内涵 7. 等级评价法的原理与实施方法 ● 简述等级评价法的基本原理及不同等级代表的意义 ● 记住使用等级评价法进行体格生长评价的步骤与注意事项 8. 生长曲线图评价法的原理与实施方法 ● 说明生长曲线图评价法的基本原理及曲线图的绘制方法 ● 记住使用生长曲线图评价法进行体格生长评价的步骤与注意事项	

（续表）

学习任务	技能与学习要求	知识与学习要求	参考学时
2. 体格监测与发育异常应对	3. 体格生长偏离幼儿的照护 ● 能根据幼儿体格生长偏离的具体情况，在一日活动中进行针对性的观察和记录 ● 能在保健员的指导下，配合教师做好家园共育，对体格生长偏离的幼儿实施恰当的干预措施 ● 能配合教师，就体格生长偏离幼儿的干预进展与幼儿家长进行有效沟通 ● 能在保健员的指导下，配合教师对幼儿及幼儿家长开展体格生长偏离的预防宣教	9. 幼儿体格生长偏离的类型及界定标准 ● 说明幼儿体重生长偏离的四种情况及界定标准 ● 说明幼儿身高（长）生长偏离的三种情况及界定标准 10. 单纯性肥胖幼儿的筛查方法、病因与干预策略 ● 说明幼儿单纯性肥胖的筛查标准、分类、典型表现及主要影响因素 ● 简述单纯性肥胖儿的主要干预策略 11. 蛋白质-营养不良幼儿的筛查方法、病因与干预策略 ● 说明幼儿蛋白质-营养不良的筛查标准、分类、典型表现及主要影响因素 ● 简述蛋白质-营养不良幼儿的主要干预策略 12. 缺铁性贫血幼儿的筛查方法、病因与干预策略 ● 说明幼儿缺铁性贫血的筛查标准、分类、典型表现及主要影响因素 ● 简述缺铁性贫血幼儿的主要干预策略 13. 维生素 D 缺乏性佝偻病幼儿的筛查方法、病因与干预策略 ● 说明幼儿维生素 D 缺乏性佝偻病的典型表现及主要影响因素 ● 简述维生素 D 缺乏性佝偻病幼儿的主要干预策略 14. 性早熟幼儿的筛查方法、病因与干预策略 ● 说明幼儿性早熟的典型表现及主要影响因素 ● 简述性早熟幼儿的主要干预策略	

（续表）

学习任务	技能与学习要求	知识与学习要求	参考学时
3. 常见病症识别与应对	1. 发热幼儿识别与应对 ● 能根据幼儿异常体征和体温测量，正确识别幼儿发热症状 ● 能结合发热程度及其他伴随症状等信息，对发热幼儿进行初步的健康状况评估 ● 能规范应对幼儿发热症状，并根据具体情况提供恰当的照护措施 ● 能结合幼儿发热时的具体情况，与发热幼儿及其家长进行有效沟通 ● 能规范记录幼儿发热的识别与应对过程，并不断反思改进	1. 发热的概念与标准 ● 简述发热的概念及生理机制 ● 陈述幼儿不同部位体温的发热标准 2. 幼儿急性发热的原因及体征 ● 列举引发幼儿急性发热的常见感染性因素和非感染性因素 ● 列举幼儿发热时的常见体征或表现 3. 幼儿体温的测量方法 ● 说明不同类型体温计的优缺点及适用场景或对象 ● 记住使用不同类型体温计为幼儿测温的方法 4. 幼儿发热时的健康评估要点 ● 列举幼儿发热时的健康评估要点 ● 陈述为幼儿进行呼吸、脉搏测量的方法 5. 幼儿发热后的应对流程 ● 陈述幼儿发热后的规范应对流程 ● 记住发热幼儿的主要照护措施及与家长的沟通要点	38
	2. 皮疹幼儿识别与应对 ● 能根据幼儿皮肤、黏膜的异常体征或表现，正确识别幼儿皮疹类型 ● 能结合皮疹特点及其他伴随症状等信息，对皮疹幼儿进行初步的健康状况评估 ● 能规范应对幼儿出疹，并根据具体情况提供恰当的照护措施 ● 能结合幼儿出疹时的具体情况，与皮疹幼儿及其家长进行有效沟通 ● 能规范记录幼儿皮疹的识别与应对过程，并不断反思改进	6. 幼儿皮肤的生理特点 ● 简述幼儿皮肤的生理特点 ● 陈述皮疹的主要类型及特点 7. 幼儿皮疹的常见原因 ● 列举诱发幼儿皮疹的常见感染性疾病（如水痘、手足口病、风疹、幼儿急疹、猩红热等）及其典型症状 ● 列举诱发幼儿皮疹的常见非感染性疾病（如痱子、疖子、湿疹、荨麻疹等）及其典型症状 8. 幼儿皮疹的健康评估要点 ● 简述幼儿皮疹的识别要点 ● 列举幼儿出疹后的健康评估要点 9. 幼儿出疹后的应对流程 ● 陈述幼儿出疹后的规范应对流程 ● 记住皮疹幼儿的主要照护措施及与家长的沟通要点 10. 幼儿皮疹的预防措施 ● 列举预防幼儿皮疹的主要措施	

(续表)

学习任务	技能与学习要求	知识与学习要求	参考学时
3. 常见病症识别与应对	3. 排便异常幼儿识别与应对 ● 能根据幼儿大小便的异常状况,初步识别幼儿排便异常类型 ● 能对异常大小便进行规范留样 ● 能结合异常大小便的特点及其他伴随症状等信息,对排便异常幼儿进行初步的健康状况评估 ● 能规范应对幼儿异常排便,并根据具体情况提供恰当的照护措施 ● 能结合幼儿异常排便时的具体情况,与排便异常幼儿及其家长进行有效沟通 ● 能规范记录幼儿异常排便的识别与应对过程,并不断反思改进	11. 消化系统的结构与功能 ● 陈述人体消化系统的主要结构与功能 ● 简述幼儿消化系统的生理特点 12. 幼儿大便异常的常见原因 ● 说明幼儿出现大便异常时的主要表现 ● 列举诱发幼儿大便异常的常见疾病(如腹泻、功能性大便失禁、便秘、细菌性痢疾、肠套叠等)及其典型症状 13. 泌尿系统的结构与功能 ● 陈述人体泌尿系统的主要结构与功能 14. 幼儿泌尿系统的生理特点 ● 简述幼儿泌尿系统的生理特点 15. 幼儿小便异常的常见原因 ● 说明幼儿出现小便异常时的主要表现 ● 列举诱发幼儿小便异常的常见疾病(如尿路感染、儿童糖尿病、遗尿症等)及其典型症状 16. 幼儿排便异常的识别与健康评估要点 ● 说明幼儿正常大小便及异常大小便的特征 ● 列举幼儿出现排便异常后的健康评估要点 17. 幼儿排便异常的应对流程 ● 陈述幼儿出现排便异常后的规范应对流程 ● 记住排便异常幼儿的主要照护措施、异常便留样方法及与家长的沟通要点 18. 幼儿排便异常的预防措施 ● 列举预防幼儿排便异常的主要措施	
	4. 咳嗽幼儿识别与应对 ● 能识别幼儿咳嗽病症,并结合咳嗽的特点及其他伴随症状等信息,对咳嗽幼儿进行初步的健康状况评估 ● 能规范应对幼儿咳嗽病症,并根据具体情况提供恰当的照护措施 ● 能按家长用药委托要求,为幼儿规范喂服口服药 ● 能结合幼儿咳嗽时的具体情况,与咳嗽幼儿及其家长进行有效沟通	19. 呼吸系统的结构与功能 ● 陈述人体呼吸系统的主要结构与功能 ● 简述幼儿呼吸系统的生理特点 20. 咳嗽的概念与分类 ● 说明咳嗽的概念及生理意义 ● 陈述咳嗽的主要分类 21. 幼儿咳嗽的常见原因 ● 列举诱发幼儿咳嗽的常见疾病(上呼吸道感染、流行性感冒、肺部疾病、呼吸道或消化道异物、支气管哮喘、心理性咳嗽等)及其典型症状 22. 幼儿咳嗽的健康评估要点 ● 列举幼儿咳嗽时的健康评估要点	

（续表）

学习任务	技能与学习要求	知识与学习要求	参考学时
	● 能规范记录幼儿咳嗽病症的识别与应对过程,并不断反思改进	23. 幼儿咳嗽的应对流程 ● 陈述幼儿咳嗽时的规范应对流程 ● 记住咳嗽幼儿的主要照护措施、口服给药的方法及与家长的沟通要点 24. 幼儿咳嗽的预防措施 ● 列举预防幼儿咳嗽的主要措施	
3. 常见病症识别与应对	5. 呕吐幼儿识别与应对 ● 能及时识别幼儿呕吐病症,并结合呕吐物的特点及其他伴随症状等信息,对呕吐幼儿进行初步的健康状况评估 ● 能规范应对幼儿呕吐病症,并根据具体情况提供恰当的照护措施 ● 能结合幼儿呕吐时的具体情况,与呕吐幼儿及其家长进行有效沟通 ● 能规范记录幼儿呕吐病症的识别与应对过程,并不断反思改进	25. 呕吐的概念与分类 ● 陈述呕吐的概念与主要分类 26. 幼儿呕吐的常见原因 ● 列举诱发幼儿呕吐的常见非疾病因素 ● 列举诱发幼儿呕吐的常见疾病(如轮状病毒、诺如病毒感染性胃肠炎等)及其典型症状 27. 幼儿出现呕吐后的健康评估要点 ● 列举幼儿咳嗽时的健康评估要点 28. 幼儿呕吐的应对流程 ● 陈述幼儿呕吐时的规范应对流程 ● 记住呕吐幼儿的主要照护措施、环境、呕吐物处置方法及与家长的沟通要点 29. 幼儿呕吐的预防措施 ● 列举预防幼儿呕吐的主要措施	
	6. 腹痛幼儿识别与应对 ● 能根据幼儿异常体征或表现,初步识别幼儿腹痛类型 ● 能结合腹痛特点及其他伴随症状等信息,对腹痛幼儿进行初步的健康状况评估 ● 能规范应对幼儿腹痛病症,并根据具体情况提供恰当的照护措施 ● 能结合幼儿腹痛时的具体情况,与腹痛幼儿及其家长进行有效沟通 ● 能规范记录幼儿腹痛病症的识别与应对过程,并不断反思改进	30. 腹痛的概念与常见原因 ● 陈述腹痛的概念 ● 列举诱发幼儿腹痛的常见疾病(如蛔虫病、小儿急性阑尾炎、肠套叠、肠梗阻、胃肠异物、过敏性紫癜、胃肠生长痛等)及其典型症状 31. 幼儿腹痛的识别与健康评估要点 ● 列举不同年龄幼儿腹痛时的表现 ● 列举幼儿腹痛时的健康评估要点 32. 幼儿腹痛的应对流程 ● 陈述幼儿腹痛时的规范应对流程 ● 记住腹痛幼儿的主要照护措施及与家长的沟通要点 33. 幼儿腹痛的预防措施 ● 列举预防幼儿腹痛的主要措施	

（续表）

学习任务	技能与学习要求	知识与学习要求	参考学时
3. 常见病症识别与应对	7. 五官(眼、耳、鼻、口腔)异常幼儿识别与应对 ● 能根据幼儿异常体征或表现,识别幼儿五官(眼、耳、鼻、口腔)病症 ● 能结合伴随症状等信息,对五官出现病症的幼儿进行初步的健康状况评估 ● 能规范应对幼儿的五官病症,并提供恰当的照护措施 ● 能为幼儿讲解示范"圆弧刷牙法" ● 能规范地为幼儿进行眼部给药 ● 能规范地为幼儿进行鼻部给药 ● 能规范地为幼儿进行耳部给药 ● 能与五官出现病症的幼儿及其家长进行有效沟通 ● 能规范记录幼儿五官病症的识别与应对过程,并不断反思改进	34. 幼儿牙齿发育的特点 ● 陈述牙齿的结构与功能 ● 简述幼儿牙齿发育的生理特点 35. 幼儿牙齿病症的常见原因 ● 列举幼儿牙齿病症的常见病因(如龋齿、牙齿外伤、流行性腮腺炎、口腔不良习惯等)及其典型症状 ● 列举幼儿牙齿出现病症时的表现及健康评估要点 36. 幼儿牙齿病症的应对流程与预防措施 ● 陈述幼儿出现牙齿病症时的应对流程及照护措施 ● 简述预防幼儿牙齿病症的主要措施,并记住"圆弧刷牙法"的操作要求 37. 幼儿眼发育的特点 ● 陈述眼的主要结构与功能 ● 简述幼儿眼发育的生理特点 38. 幼儿眼部不适的常见原因 ● 列举幼儿眼部不适的常见病因(如屈光不正、弱视、斜视、眼内异物、流行性急性结膜炎等)及其典型症状 ● 列举幼儿眼部出现不适时的表现及健康评估要点 39. 幼儿眼部不适的应对流程与预防措施 ● 陈述幼儿眼部出现不适时的应对流程及照护措施 ● 简述预防幼儿眼部不适的主要措施,并记住眼部给药的操作要求 40. 幼儿耳发育的特点 ● 陈述耳的主要结构与功能 ● 简述幼儿耳发育的生理特点 41. 幼儿耳部不适的常见原因 ● 列举幼儿耳部不适的常见病因(如急性中耳炎、外耳道异物、急性外耳道炎、听觉损失等)及其典型症状 ● 列举幼儿耳部出现不适时的表现及健康评估要点 42. 幼儿耳部不适的应对流程与预防措施 ● 陈述幼儿耳部出现不适时的应对流程及照护措施	

（续表）

学习任务	技能与学习要求	知识与学习要求	参考学时
3. 常见病症识别与应对		● 简述预防幼儿耳部不适的主要措施，并记住耳部给药的操作要求 43. 幼儿鼻发育的特点 ● 陈述鼻的主要结构与功能 ● 简述幼儿鼻发育的生理特点 44. 幼儿鼻部不适的常见原因 ● 列举幼儿鼻部不适的常见病因（如鼻炎、鼻窦炎、鼻出血、鼻外伤、鼻腔异物等）及其典型症状 ● 列举幼儿鼻部出现不适时的表现及健康评估要点 45. 幼儿鼻部不适的应对流程与预防措施 ● 陈述幼儿鼻部出现不适时的应对流程及照护措施 ● 简述预防幼儿鼻部不适的主要措施，并记住鼻部给药、鼻腔清洁的操作要求	
4. 常见传染病应急处理与预防	1. 托幼机构常见传染病预防 ● 能根据传染病的流行季节和传播途径，在保健员的指导下，配合教师做好幼儿常见传染病的常规预防工作	1. 传染病的基本特征与发展阶段 ● 说明传染病的四个基本特征 ● 陈述传染病病程的主要发展阶段 2. 传染病流行过程的基本环节 ● 说明传染病流行的三个基本环节 ● 列举传染病的常见传播途径及基本预防措施 3. 托幼机构传染病的流行特点 ● 简述托幼机构传染病的主要流行特点 ● 举例说明托幼机构传染病的主要预防措施	10
	2. 托幼机构传染病监测与报告 ● 能在保健员的指导下，配合教师做好幼儿常见传染病的日常监测工作 ● 能配合教师做好因病缺勤幼儿的追踪工作，并及时与保健员进行沟通 ● 在幼儿确诊或疑似传染病时，能配合教师做好患儿的隔离及班级检疫工作 3. 托幼机构传染病预防与应对工作记录与反思 ● 能规范记录应对与预防幼儿	4. 托幼机构传染病的监测要求与注意事项 ● 简述托幼机构传染病监测工作的基本要求 ● 简述托幼机构传染病监测的主要途径及注意事项 5. 托幼机构传染病的报告 ● 简述托幼机构传染病报告制度及人员设置要求 ● 简述托幼机构出现不同传染病时的报告要求 6. 托幼机构传染病的隔离及检疫要求 ● 举例说明托幼机构师生发生传染病时的隔离及检疫要求 ● 简述托幼机构隔离观察室的设置要求与使用规范	

（续表）

学习任务	技能与学习要求	知识与学习要求	参考学时
4. 常见传染病应急处理与预防	传染病的工作过程	7. 托幼机构传染病预防与应对工作记录与反思要求 ● 举例说明托幼机构传染病预防与应对工作中常用表格的撰写要求	
	4. 含氯消毒液配制 ● 能在保健员的指导下，按要求规范地配制有效氯消毒液，并安全妥善保管 ● 能在保健员的指导下，按要求使用含氯消毒液对环境与物品进行随时性消毒和终末消毒 ● 能按"七步洗手法"要求规范地清洁手部	8. 托幼机构的常用消毒方法与适用对象 ● 陈述消毒的概念、种类及方法 ● 陈述托幼机构的常用消毒方法与适用对象 9. 托幼机构常用消毒液的配制方法 ● 记住含氯消毒液的计算方法 ● 记住含氯消毒液配制操作所需物品、操作方法及注意事项 10. 托幼机构环境、物品的消毒要求 ● 举例说明托幼机构环境、物品的预防性消毒要求 ● 举例说明托幼机构环境、物品在出现传染病时的消毒要求	
总学时			72

五、实施建议

（一）教材编写与选用建议

1. 应依据本课程标准编写教材或选用教材，从国家和市级教育行政部门发布的教材目录中选用教材，优先选用国家和市级规划教材。

2. 教材要充分体现育人功能，紧密结合教材内容、素材，有机融入课程思政要求，将课程思政内容与专业知识、技能有机统一。

3. 树立以学生为中心的教材观，教材的结构和内容应符合中职学生认知特点与学习规律。

4. 教材应以"幼儿健康照护"工作领域的职业能力为逻辑线索，按照职业能力培养由易到难、由简单到复杂、由单一到综合的规律，确定教材各部分的目标、内容，并进行相应的任务、活动设计等，从而建立起一个结构清晰、层次分明的教材内容体系。

5. 教材内容应体现实用性、先进性、前瞻性，将学前儿童健康照护方面的新理念、新知识、新方法及时纳入其中，对接《保育员国家职业技能标准（2019 年版）》和保育师岗位要求，并吸收学前教育先进行业文化和优秀幼儿园文化。教材具有真实的职业情境,职场感强。

6. 教材要贴近学生生活,贴近职场,采用生动活泼的、学生乐于接受的语言、图表等去呈现内容,让学生在使用教材时有亲切感、真实感。

7. 鼓励园校合作开发教材,教材呈现形式多样化,倡导开发工作手册式新形态融媒体教材,并配套开发信息化资源或数字教材。

(二) 教学实施建议

1. 切实推进课程思政建设,寓价值观引导、职业道德教育、职业情感教育、职业精神教育、劳动教育等于教育教学全过程,帮助学生树立职业理想,同时塑造正确的世界观、人生观、价值观。要深入梳理教学内容,结合课程特点,深入挖掘课程思政元素,有机融入课程教学,达到润物无声的育人效果。

2. 教学实施要基于本课程标准,结合学前教育行业的变化和学生实际及时优化与调整。

3. 教学要充分体现"实践导向、任务引领、理实一体、做学合一"的职教课改理念,紧密联系幼儿健康照护工作实际,以具体的健康照护工作任务为载体,加强理论教学与实践教学的结合,充分利用各种实训场所与设备,促进教与学方式的转变。

4. 教师应坚持以学生为中心的教学理念,充分尊重学生,遵循学生认知特点和学习规律,努力成为学生学习的组织者、指导者和同伴。

5. 采取灵活多样的教学方式,充分调动学生学习的积极性、能动性,积极探索自主学习、合作学习、探究式学习、问题导向式学习、体验式学习、混合式学习等体现教学新理念的教学方式。同时创造条件进行实景教学,提高学生解决幼儿健康照护工作实际问题的能力。

6. 充分利用信息技术进行线上线下混合在线教学,提高教学效率。

7. 工学结合,组织学生到幼儿园见习1—2周,在职业现场进行学习,以加深学生对课程内容的理解,提升教学质量。

(三) 教学评价建议

1. 要以本课程标准为依据,开展基于标准的教学评价。

2. 以评促教、以评促学,通过课堂教学及时评价,不断改进教学方法与手段。

3. 教学评价始终坚持德技并重的原则,构建德技融合的专业课教学评价体系,把德育和职业素养的评价内容与要求细化为具体的评价指标,有机融入专业知识与技能的评价指标体系,形成可观察可测量的评价量表,综合评价学生学习情况。通过有效评价,在日常教学中不断促进学生思想品德和职业素养的形成。

4. 注重日常教学中对学生学习过程的评价。充分利用多种过程性评价工具,如评价表、记录袋等,积累过程性评价数据,形成过程性评价与终结性评价相结合的评价模式。

5. 教学评价的主体可以多元化,采取教师评价、学生自评和互评相结合的方式。

6. 要体现课程在评价上的特殊性,应注重对学生在实践中分析问题、解决问题能力的考核,对学习和应用上有创新的学生应给予特别鼓励,综合评价学生能力。

(四) 资源利用建议

1. 就近优质幼儿园的环境、幼儿和保教人员都是本课程重要的教育资源,应密切与学校附近优质幼儿园的关系,共享教育资源,充分发挥其作用。

2. 园校合作开发教学资源,所有操作要配备规范操作视频,并尽量提供实景视频,帮助学生了解幼儿健康照护工作实际。

3. 校内,创建仿真模拟实训室,创设真实的学习情境;同时充分利用并完善校内健康照护实训设备,确保实训教学顺利进行。校外,努力创建优质实训基地,通过见习,满足学生综合职业能力提升的要求。

4. 充分利用信息技术,提高教育教学效益。积极创造条件建设课程教学交流平台、互动教学平台、远程教学系统等,同时充分利用搜索引擎、电子书籍、电子期刊、数字图书馆、教育网站和教学资源网站等网络信息资源,提高教学效率。

幼儿园教育活动保育课程标准

▌课程名称

幼儿园教育活动保育

▌适用专业

中等职业学校幼儿保育专业

一、课程性质

本课程是中等职业学校幼儿保育专业的一门专业核心课程,也是一门专业必修课程。其功能是使学生掌握幼儿园运动、游戏、学习活动保育的基本知识与技能,具备从事幼儿园教育活动保育相关工作的基本职业能力。本课程是幼儿生活活动保育课程的后续课程,可为幼儿行为观察与引导、托班幼儿早期发展支持、幼儿心理发展与保育等专业课程的学习奠定基础。

二、设计思路

本课程遵循任务引领、理实一体的原则,根据中职幼儿保育专业的工作任务与职业能力分析结果,以"幼儿园教育活动辅助"工作领域的相关工作任务与职业能力为依据而设置。

课程内容紧紧围绕幼儿园教育活动辅助职业能力培养的需要,选取了幼儿运动保育、游戏活动保育、学习活动保育等内容,遵循适度够用的原则,确定相关理论知识、专业技能与要求,并融入《保育员国家职业技能标准(2019年版)》、上海市保育师(五级、四级)职业技能鉴定考核,以及《保育师国家职业技能标准(2021年版)》的相关要求。

课程内容组织按照职业能力发展规律和学生认知规律,以幼儿园教育活动辅助的典型工作任务为线索,经过分析、转化、序化,设有幼儿园教育活动保育认知、幼儿园运动保育、幼儿园游戏活动保育、幼儿园学习活动保育4个学习任务,以任务为引领,通过学习任务整合相关知识、技能与职业素养。

本课程建议课时为90学时。

三、课程目标

通过本课程的学习,学生熟悉幼儿园教育活动保育相关的理论知识与操作要求,掌握幼儿园教育活动(运动、游戏与学习活动)前环境创设、活动中维护幼儿安全卫生并照顾指导个别幼儿、活动后收整与总结等技能,达到《保育员国家职业技能标准(2019 年版)》四级和上海市保育师(四级)职业技能鉴定考核的相关要求,具体达成以下职业素养和职业能力目标。

(一) 职业素养目标

- 认同幼儿园教育活动保育工作的重要价值,积极投入幼儿园教育活动保育的学习与工作,初步具有促进幼儿身心全面和谐发展的责任感、使命感。
- 关心爱护幼儿,尊重幼儿个体差异,耐心照顾、指导个别幼儿,初步形成幼儿为重、保教结合、服务幼儿优先发展的思想意识。
- 幼儿活动时,观察细致,回应及时,指导耐心;与家长沟通时,暖心贴心,富有同理心,充满人文关怀。
- 养成认真细心、钻研探索、反思改进的习惯,具备合作意识、规范意识、时间效率意识、审美意识、劳动意识等。

(二) 职业能力目标

- 能根据活动内容与要求创设安全、整洁的幼儿活动环境,准备充足且易于取放的活动材料。
- 能根据气温、幼儿年龄特点和活动内容,做好幼儿活动前的生活准备。
- 能观察活动中幼儿的体征与表现,特别关注特殊儿童的体征与表现,进行相应护理,并做好观察与护理记录。
- 能协助教师组织幼儿参加活动,细心观察并发现需要指导帮助的幼儿,耐心引导,培养幼儿良好的活动习惯和活动兴趣。
- 能敏锐发现和排除幼儿活动时的不安全因素,并协助教师处理活动中的各类突发事件。
- 能做好活动后对幼儿的观察与护理工作,并指导幼儿做好活动后物品、器械的收整工作。
- 能结合幼儿活动中的表现,协助教师与家长有效沟通,做好家园共育工作。
- 能规范填写工作记录,进行案例分析,并不断反思改进。

四、课程内容与要求

学习任务	技能与学习要求	知识与学习要求	参考学时
1. 幼儿园教育活动保育认知	1. 幼儿园教育活动保育类型分析 ● 能分辨幼儿园教育活动的类型	1. 幼儿园教育活动内涵与教育活动保育基本要求 ● 解释幼儿园教育活动的概念 ● 陈述幼儿园教育活动的目标	2

学习任务	技能与学习要求	知识与学习要求	参考学时
1. 幼儿园教育活动保育认知	● 能初步分析保育师履行幼儿园教育活动保育职责的情况,并分析保育师失责的可能原因及对幼儿健康成长的危害	● 说明幼儿园教育活动的意义 2. 幼儿园教育活动的主要类型 ● 说明幼儿园教育活动的主要类型 3. 幼儿园教育活动保育的基本职责与素养要求 ● 简述幼儿园教育活动保育的基本职责 ● 梳理做好幼儿园教育活动保育应具备的素养要求	
2. 幼儿园运动保育	1. 幼儿园运动保育分析 ● 能根据保育师在幼儿园运动保育中的工作职责,分析保育师的运动保育履职情况 ● 能细心观察,识别幼儿园运动的安全隐患 ● 能通过观察幼儿体征,识别幼儿运动量的适宜性 ● 能根据幼儿运动项目的内容及规范要求,做好运动前、中、后的安全与卫生检查工作 ● 能针对体弱儿童、特殊儿童的具体情况,做好个别儿童的运动保育工作,规范填写保育工作记录,并协助教师做好与家长的沟通工作	1. 幼儿园运动内涵 ● 解释幼儿园运动的概念 ● 陈述幼儿园运动的目标 ● 简述幼儿园运动的意义 2. 幼儿园运动主要形式与作用 ● 说明幼儿园运动的主要形式与作用 3. 幼儿运动特点 ● 记住不同年龄幼儿(小班、中班、大班)的运动特点 4. 幼儿园运动的安全与卫生要求 ● 简述幼儿园运动的安全与卫生要求 5. 幼儿园运动中体弱儿童及特殊儿童的保育要求 ● 列举运动中各类特殊儿童的保育要求 ● 列举运动中各类体弱儿童的保育要求	30
	2. 早操活动保育 ● 能根据早操内容及幼儿年龄特点,做好幼儿园早操活动的准备工作 ● 能配合教师做好班级早操活动的组织管理工作 ● 能带领幼儿做好早操活动后的收整工作	6. 早操活动内涵、种类、保育内容与要求 (1) 早操活动内涵 ● 简述幼儿早操的含义与意义 (2) 早操活动种类及适合的年龄班 ● 陈述幼儿早操的种类 ● 列举不同年龄幼儿适宜的早操类别 (3) 早操活动保育工作职责与保育要求 ● 简述幼儿园早操的基本保育要求及保育工作职责	

（续表）

学习任务	技能与学习要求	知识与学习要求	参考学时
2. 幼儿园运动保育	3. 户外区域运动保育 ● 能初步识别适合不同年龄幼儿使用的典型运动器械 ● 能识别并有效应对户外区域运动中的安全隐患 ● 能做好户外区域运动中的幼儿生活照护与个别指导工作	7. 户外区域运动内涵、项目、保育内容与要求 （1）户外区域运动内涵 ● 简述户外区域运动的含义与意义 （2）户外区域运动项目及适合的年龄班 ● 陈述户外区域运动项目及其适合的年龄班 （3）户外区域运动保育工作职责与保育要求 ● 陈述户外区域运动的保育工作职责 ● 简述户外区域运动的保育要求	
	4. 集体运动教学保育 ● 能根据集体运动教学内容及幼儿年龄特点，做好集体运动教学的配合工作 ● 能识别并合理应对集体运动教学中的安全隐患 ● 能做好集体运动教学中的幼儿生活照护与个别指导工作	8. 集体运动教学内涵、基本内容、保育内容与要求 （1）集体运动教学内涵 ● 说明集体运动教学的含义与意义 （2）集体运动教学基本内容及不同年龄班特点 ● 简述集体运动教学的基本内容 ● 列举针对不同年龄幼儿的集体运动教学的不同特点 （3）集体运动教学保育工作职责与保育要求 ● 陈述集体运动教学的保育工作职责 ● 简述集体运动教学的保育要求	
	5. 特殊天气室内运动保育 ● 能根据特殊天气室内运动项目，做好室内运动的准备工作 ● 能识别并排除特殊天气室内运动中的安全隐患 ● 能做好特殊天气室内运动中的幼儿生活照护与个别指导工作	9. 特殊天气室内运动内涵、基本内容、保育内容与要求 （1）特殊天气室内运动内涵 ● 说明特殊天气室内运动的含义、意义及适用条件 （2）特殊天气室内运动项目、适宜地点及适合的年龄班 ● 说明可在特殊天气开展的室内运动项目及适宜地点 ● 列举不同年龄幼儿适宜的室内运动项目 （3）特殊天气室内运动保育工作职责与保育要求 ● 陈述特殊天气室内运动项目的保育工作职责 ● 简述特殊天气室内运动项目的保育要求	

学习任务	技能与学习要求	知识与学习要求	参考学时
2. 幼儿园运动保育	6. 亲子运动会保育 ● 能根据不同年龄班幼儿的身心特点，做好亲子运动会的准备工作 ● 能协助教师就运动会与家长进行沟通，获得家长的支持 ● 能协助教师做好亲子运动会的组织管理工作 ● 能规范填写亲子运动会保育工作记录，并不断反思改进	10. 亲子运动会内涵、保育内容与要求 （1）亲子运动会内涵 ● 简述亲子运动会的含义与意义 （2）亲子运动会项目类型及适合的年龄班保育要求 ● 陈述亲子运动会常规性项目类型 ● 列举小、中、大班亲子运动会的不同特点及适宜的活动项目 （3）亲子运动会保育工作职责与保育要求 ● 陈述亲子运动会的保育工作职责 ● 简述亲子运动会的保育要求	
	7. 远足运动保育 ● 能做好远足运动的准备工作 ● 能在幼儿远足中、远足后做好相关的保育工作 ● 能协助教师就远足运动与家长进行沟通，获得家长的支持 ● 能规范填写远足运动保育工作记录，并不断反思改进	11. 远足运动内涵、保育内容与要求 （1）远足运动内涵 ● 说明远足运动的含义及其对幼儿身心健康的价值 （2）各年龄班幼儿远足运动要求 ● 列举小、中、大班远足运动的不同要求 （3）远足运动的保育工作职责与保育要求 ● 陈述远足运动的保育工作职责 ● 简述远足运动的保育要求	
3. 幼儿园游戏活动保育	1. 幼儿园游戏活动保育辨析与环境材料安全卫生维护 （1）幼儿园游戏活动辨析 ● 能根据幼儿游戏内涵及特点辨别幼儿游戏活动 ● 能辨析保育师在游戏活动中的履职情况 ● 能分辨幼儿园游戏活动的种类 （2）幼儿园游戏环境与材料维护 ● 能分辨幼儿园游戏活动环境安全与卫生状况 ● 能对幼儿园各类游戏材料进行正确的清洁与消毒，并做好消毒记录 ● 能正确保管幼儿园各类游戏材料	1. 幼儿园游戏活动内涵、种类、环境与安全卫生要求 （1）幼儿园游戏活动的含义与意义 ● 说明幼儿游戏活动的定义、特点 ● 总结游戏活动对幼儿身心发展的重要价值 （2）幼儿园游戏活动的种类 ● 简述幼儿园游戏活动的种类 （3）幼儿园游戏活动保育工作职责与保育要求 ● 陈述游戏活动的保育工作职责 ● 简述游戏活动的保育要求 （4）幼儿园游戏环境与材料维护要求 ● 解释幼儿园游戏环境创设的原则及基本要求 ● 解释游戏材料的定义 ● 说明普通玩具及自制玩教具的安全与卫生要求	24

(续表)

学习任务	技能与学习要求	知识与学习要求	参考学时
3. 幼儿园游戏活动保育	2. 角色游戏保育 ● 能根据幼儿年龄特点,配合教师做好角色游戏的准备工作 ● 能细心观察幼儿的角色游戏活动,初步学会填写角色游戏观察记录 ● 能初步分辨角色游戏介入的时机,给予个别幼儿适当的支持 ● 能敏锐发现角色游戏的安全隐患,并采取适当的应对与预防措施 ● 能引导幼儿做好角色游戏后的收整工作,并协助教师组织幼儿进行分享	2. 角色游戏内涵及其保育内容与要求 (1) 角色游戏内涵及材料分类 ● 简述角色游戏的定义、特点及意义 ● 举例说明高结构材料、低结构材料的定义及作用 (2) 各年龄幼儿角色游戏一般特点 ● 简述各年龄班(小、中、大班)幼儿角色游戏一般特点 (3) 角色游戏保育工作内容与要求 ● 简述角色游戏的保育工作内容与要求 ● 说明角色游戏的观察与记录要点 ● 列举角色游戏介入的时机 ● 列举角色游戏常见的安全隐患及应对与预防措施	
	3. 结构游戏保育 ● 能根据幼儿年龄特点,配合教师做好结构游戏的准备工作 ● 能细心观察幼儿的结构游戏活动,初步学会填写结构游戏观察记录,并给予个别幼儿适当的支持 ● 能敏锐发现结构游戏的安全隐患,并采取适当的应对与预防措施 ● 能引导幼儿做好结构游戏后的收整工作,并协助教师组织幼儿进行分享	3. 结构游戏内涵及其保育内容与要求 (1) 结构游戏的内涵与种类 ● 举例说明结构游戏的定义、特点与意义 ● 陈述结构游戏的种类 (2) 各年龄幼儿结构游戏一般特点 ● 简述各年龄班幼儿结构游戏一般特点 (3) 结构游戏保育工作内容与要求 ● 简述结构游戏的保育工作内容与要求 ● 说明结构游戏的观察与记录要点 ● 列举结构游戏个别指导的策略 ● 列举结构游戏常见的安全隐患及应对与预防措施	
	4. 表演游戏保育 ● 能根据幼儿年龄特点和表演内容,配合教师做好表演游戏的准备工作 ● 能细心观察幼儿的表演游戏活动,初步学会填写表演游戏观察记录,并给予个别幼儿适当的支持	4. 表演游戏内涵及其保育内容与要求 (1) 表演游戏的内涵与素材要求 ● 简述表演游戏的定义、特点与意义 ● 列举适合表演游戏的素材 (2) 各年龄幼儿表演游戏一般特点 ● 简述各年龄班幼儿表演游戏一般特点 (3) 表演游戏保育工作内容与要求 ● 简述表演游戏的保育工作内容与要求	

（续表）

学习任务	技能与学习要求	知识与学习要求	参考学时
3. 幼儿园游戏活动保育	● 能敏锐发现表演游戏的安全隐患，并采取适当的应对与预防措施 ● 能引导幼儿做好表演游戏后的收整工作，并协助教师组织幼儿进行分享	● 说明表演游戏的观察与记录要点 ● 列举表演游戏个别指导的策略 ● 列举表演游戏常见的安全隐患及应对与预防措施	
	5. 沙水游戏保育 ● 能根据沙水游戏环境创设的基本要求收集沙水游戏材料 ● 能根据沙水游戏活动特点与幼儿年龄特点，配合教师进行沙水游戏材料的投放 ● 能初步学会观察幼儿的沙水游戏活动并填写工作记录，给予幼儿适当的支持 ● 能敏锐发现沙水游戏的安全隐患，并采取适当的应对措施 ● 能引导幼儿做好沙水游戏后的收整工作，并协助教师组织幼儿进行分享	5. 沙水游戏内涵及其保育内容与要求 （1）沙水游戏的内涵 ● 简述沙水游戏的定义、特点及意义 （2）各年龄幼儿沙水游戏一般特点 ● 总结各年龄班幼儿沙水游戏一般特点 （3）沙水游戏保育工作内容与要求 ● 简述沙水游戏环境创设的基本要求 ● 说明沙水游戏的观察与记录要点 ● 列举沙水游戏个别指导的策略 ● 列举沙水游戏常见的安全隐患及应对与预防措施	
4. 幼儿园学习活动保育	1. 幼儿园学习活动保育辨析 ● 能分辨幼儿园学习活动的类型与组织形式 ● 能辨析保教人员在幼儿园学习活动中的履职情况	1. 幼儿园学习活动内容、形式与保育要求 ● 列举幼儿园学习活动的内容 ● 说明幼儿园学习活动的形式 ● 梳理幼儿园学习活动的保育工作基本要求	34
	2. 健康集体学习活动保育 ● 能辅助教师做好健康集体学习活动的环境创设和材料准备工作 ● 能辅助教师做好健康集体学习活动的组织管理工作 ● 能协助教师就幼儿健康教育问题与家长进行有效沟通，获得家长的支持	2. 健康及健康集体学习活动内涵、意义与保育要求 （1）幼儿健康的含义及影响因素 ● 简述幼儿健康的含义及影响因素 （2）健康集体学习活动内涵与目标 ● 列举健康集体学习活动的内容及价值 ● 陈述健康集体学习活动的年龄段目标 （3）健康集体学习活动保育要求及策略 ● 说明健康异常幼儿的处理策略 ● 简述健康集体学习活动的保育工作基本要求	

学习任务	技能与学习要求	知识与学习要求	参考学时
4. 幼儿园学习活动保育	3. 语言集体学习活动保育 ● 能辅助教师做好语言集体学习活动的环境创设和材料准备工作 ● 能辅助教师做好语言集体学习活动的组织管理工作 ● 能发现并纠正幼儿不良用眼与握笔姿势 ● 能协助教师就幼儿语言教育问题与家长进行有效沟通，获得家长的支持	3. 语言集体学习活动内涵、目标及保育内容与要求 (1) 语言学习活动内涵与目标 ● 简述语言学习活动的含义、意义 ● 列举语言学习活动的内容 ● 记住语言学习活动的年龄段目标 (2) 语言集体学习活动保育内容与要求 ● 列举幼儿不良用眼的现象及其保育措施 ● 简述保育师辅助教师创设语言环境的基本要求	
	4. 社会集体学习活动保育 ● 能辅助教师做好社会集体学习活动的环境创设和材料准备工作 ● 能辅助教师做好幼儿亲社会行为的培养工作 ● 能用较恰当的方法有效应对幼儿入园哭闹 ● 能协助教师就幼儿社会交往问题与家长进行有效沟通，获得家长的支持	4. 社会集体学习活动内涵、目标及保育内容要求与方法策略 (1) 社会学习活动内涵与目标 ● 简述社会学习活动的含义、意义 ● 记住社会学习活动的年龄段目标 (2) 社会学习活动保育内容要求与方法策略 ● 说明幼儿依恋的含义、类型及影响因素 ● 列举应对新入园幼儿哭闹的方法 ● 列举开展社会学习活动的途径和方法 ● 总结培养幼儿亲社会行为的策略	
	5. 科学集体学习活动保育 ● 能辅助教师做好科学集体学习活动的环境创设和材料准备工作 ● 能辅助教师做好科学集体学习活动的组织管理工作 ● 能协助教师就幼儿科学教育问题与家长进行有效沟通，获得家长的支持	5. 科学集体学习活动内涵、目标及保育内容与要求 (1) 科学学习活动内涵与目标 ● 简述科学学习活动的含义、意义 ● 列举科学学习活动的内容 ● 记住科学学习活动的年龄段目标 (2) 科学学习活动环境创设基本要求 ● 简述幼儿园科学学习活动环境创设的基本要求	
	6. 数学集体学习活动保育 ● 能辅助教师做好数学集体学习活动的环境创设和材料准备工作 ● 能辅助教师做好数学集体学习活动的组织管理工作 ● 能协助教师就幼儿数学教育问题与家长进行有效沟通，获得家长的支持	6. 数学集体学习活动保育要求 (1) 数学学习活动内涵与目标 ● 简述数学学习活动的含义、意义 ● 列举数学学习活动的内容 ● 记住数学学习活动的年龄段目标 (2) 数学学习活动教学具及其基本要求 ● 列举幼儿园数学学习活动的教具学具及其基本要求	

学习任务	技能与学习要求	知识与学习要求	参考学时
4. 幼儿园学习活动保育	7. 美术集体学习活动保育 ● 能根据幼儿绘画能力的发展特点，分辨幼儿绘画作品的作者年龄段 ● 能辅助教师做好美术集体学习活动的环境创设和材料准备工作 ● 能辅助教师做好美术集体学习活动的组织管理工作 ● 能协助教师就幼儿美术教育问题与家长进行有效沟通，获得家长的支持	7. 美术集体学习活动保育要求 (1) 美术学习活动内涵、形式与目标 ● 简述美术学习活动的意义、内容和形式 ● 陈述不同年龄班幼儿美术作品特点及其美术学习活动年龄段目标 (2) 美术学习活动环境创设与材料准备要求 ● 解释美术学习活动的环境创设和材料准备工作要点	
	8. 音乐集体学习活动保育 ● 能识别幼儿园常用的打击乐器 ● 能对幼儿进行保护声带卫生的教育 ● 能辅助教师做好音乐集体学习活动的环境创设和材料准备工作 ● 能辅助教师做好音乐集体学习活动的组织管理工作 ● 能协助教师就幼儿音乐教育问题与家长进行有效沟通，获得家长的支持	8. 音乐集体学习活动保育要求 (1) 音乐学习活动内涵与目标 ● 简述音乐学习活动的意义、内容与形式 ● 陈述音乐学习活动的年龄段目标 (2) 幼儿音乐学习活动的年龄特点 ● 列举幼儿园常用的打击乐器及适合的年龄班 ● 简述不同年龄班幼儿的音乐特点及声带保护方法 (3) 音乐学习活动环境创设与材料准备要求 ● 解释音乐学习活动的环境创设和材料准备工作要点	
	9. 幼儿园个别化学习活动保育 ● 能辅助教师创设幼儿园个别化学习活动环境和投放材料 ● 能发现个别化学习活动中的安全隐患，及时排除，并对幼儿进行安全教育 ● 能观察幼儿个别化学习活动情况，并进行适宜的引导 ● 能引导幼儿做好个别化学习活动后的材料收整工作 ● 能配合教师做好个别化学习活动的分享与总结工作 ● 能配合教师就幼儿在个别化学习活动中的表现与家长沟通，争取获得家长的支持与配合	9. 个别化学习活动保育要求 (1) 个别化学习活动内涵 ● 说明个别化学习活动内涵及其对幼儿发展的价值 (2) 个别化学习活动环境创设与材料投放要求 ● 解释幼儿园个别化学习活动环境创设和材料投放要求 (3) 个别化学习活动的观察、引导与组织分享要求 ● 说明幼儿园个别化学习活动的观察与引导要点 ● 解释组织个别化学习活动交流分享的要求	
	总学时		90

五、实施建议

（一）教材编写与选用建议

1. 应依据本课程标准编写教材或选用教材，从国家和市级教育行政部门发布的教材目录中选用教材，优先选用国家和市级规划教材。

2. 教材要充分体现育人功能，紧密结合教材内容、素材，有机融入课程思政要求，将课程思政内容与专业知识、技能有机统一。

3. 树立以学生为中心的教材观，教材的结构和内容应符合中职学生认知特点与学习规律。

4. 教材应以"幼儿园教育活动保育"工作领域的职业能力为逻辑线索，按照职业能力培养由易到难、由简单到复杂、由单一到综合的规律，确定教材各部分的目标、内容，并进行相应的任务、活动设计等，从而建立起一个结构清晰、层次分明的教材内容体系。

5. 教材内容应体现实用性、先进性、前瞻性，将学前教育的新理念、新知识、新方法及时纳入其中，对接《保育员国家职业技能标准（2019 年版）》和保育师岗位要求，并吸收学前教育先进行业文化和优秀幼儿园文化。教材具有真实的职业情境，职场感强。

6. 教材要贴近学生生活，贴近职场，采用生动活泼的、学生乐于接受的语言、图表等去呈现内容，让学生在使用教材时有亲切感、真实感。

7. 鼓励园校合作开发教材，教材呈现形式多样化，倡导开发工作手册式新形态融媒体教材，并配套开发信息化资源或数字教材。

（二）教学实施建议

1. 切实推进课程思政建设，寓价值观引导、职业道德教育、职业情感教育、职业精神教育、劳动教育等于教育教学全过程，帮助学生树立职业理想，同时塑造正确的世界观、人生观、价值观。要深入梳理教学内容，结合课程特点，深入挖掘课程思政元素，有机融入课程教学，达到润物无声的育人效果。

2. 教学实施要基于本课程标准，结合学前教育行业的变化和学生实际及时优化与调整。

3. 教学要充分体现"实践导向、任务引领、理实一体、做学合一"的职教课改理念，紧密联系幼儿园教育活动保育工作实际，以具体的幼儿园运动、游戏、学习活动保育工作任务为载体，加强理论教学与实践教学的结合，充分利用各种实训场所与设备，促进教与学方式的转变。

4. 教师应坚持以学生为中心的教学理念，充分尊重学生，遵循学生认知特点和学习规律，努力成为学生学习的组织者、指导者和同伴。

5. 采取灵活多样的教学方式,充分调动学生学习的积极性、能动性,积极探索自主学习、合作学习、探究式学习、问题导向式学习、体验式学习、混合式学习等体现教学新理念的教学方式。同时创造条件进行实景教学,提高学生解决幼儿园教育活动保育工作实际问题的能力。

6. 充分利用信息技术进行线上线下混合在线教学,提高教学效率。

7. 工学结合,组织学生到幼儿园见习1—2周,在职业现场进行学习,以加深学生对课程内容的理解,提升教学质量。

(三)教学评价建议

1. 要以本课程标准为依据,开展基于标准的教学评价。

2. 以评促教、以评促学,通过课堂教学及时评价,不断改进教学方法与手段。

3. 教学评价始终坚持德技并重的原则,构建德技融合的专业课教学评价体系,把德育和职业素养的评价内容与要求细化为具体的评价指标,有机融入专业知识与技能的评价指标体系,形成可观察可测量的评价量表,综合评价学生学习情况。通过有效评价,在日常教学中不断促进学生思想品德和职业素养的形成。

4. 注重日常教学中对学生学习过程的评价。充分利用多种过程性评价工具,如评价表、记录袋等,积累过程性评价数据,形成过程性评价与终结性评价相结合的评价模式。

5. 教学评价的主体可以多元化,采取教师评价、学生自评和互评相结合的方式。

6. 要体现课程在评价上的特殊性,应注重对学生在实践中分析问题、解决问题能力的考核,对学习和应用上有创新的学生应给予特别鼓励,综合评价学生能力。

(四)资源利用建议

1. 就近优质幼儿园的环境、幼儿和保教人员都是本课程重要的教育资源,应密切与学校附近优质幼儿园的关系,共享教育资源,充分发挥其作用。

2. 园校合作开发教学资源,所有操作要配备规范操作视频,并尽量提供实景视频或图片,帮助学生了解幼儿园教育活动保育工作实际。

3. 校内,创建仿真模拟实训室,创设真实的学习情境;同时充分利用并完善校内运动、游戏、学习活动保育实训设备,确保实训教学顺利进行。校外,努力创建优质实训基地,通过见习,满足学生综合职业能力提升的要求。

4. 充分利用信息技术,提高教育教学效益。积极创造条件建设课程教学交流平台、互动教学平台、远程教学系统等,同时充分利用搜索引擎、电子书籍、电子期刊、数字图书馆、教育网站和教学资源网站等网络信息资源,提高教学效率。

幼儿行为观察与引导课程标准

课程名称

幼儿行为观察与引导

适用专业

中等职业学校幼儿保育专业

一、课程性质

本课程是中等职业学校幼儿保育专业的一门专业核心课程,也是一门专业必修课程。其功能是使学生掌握幼儿行为观察与引导的基本知识与技能,具备从事幼儿行为观察与引导相关工作的基本职业能力。本课程是幼儿生活活动保育、幼儿园教育活动保育、托班幼儿早期发展支持等课程的后续课程,可为幼儿心理发展与保育等专业课程的学习奠定基础。

二、设计思路

本课程遵循任务引领、理实一体的原则,根据中职幼儿保育专业的工作任务与职业能力分析结果,以"幼儿行为观察与引导"工作领域的相关工作任务与职业能力为依据而设置。

课程内容紧紧围绕幼儿行为观察与引导职业能力培养的需要,选取了幼儿行为观察认知、幼儿偏差行为识别与应对、幼儿情绪情感关注与回应等内容,遵循适度够用的原则,确定相关理论知识、专业技能与要求,并融入《保育员国家职业技能标准(2019 年版)》、上海市保育师(五级、四级)职业技能鉴定考核,以及《保育师国家职业技能标准(2021 年版)》的相关要求。

课程内容组织按照职业能力发展规律和学生认知规律,以幼儿行为观察与引导的典型工作任务为线索,经过分析、转化、序化,设有幼儿行为观察认知、幼儿外显偏差行为识别与应对、幼儿内隐偏差行为识别与应对、幼儿情绪情感关注与回应 4 个学习任务,以任务为引领,通过学习任务整合相关知识、技能与职业素养。

本课程建议课时为 54 学时。

三、课程目标

通过本课程的学习,学生初步掌握幼儿行为观察与引导及幼儿情绪情感关注与回应的基本知识,初步掌握幼儿行为观察与记录、幼儿偏差行为识别与应对、幼儿情绪问题识别与回应以及能与存在偏差行为、消极情绪幼儿的家长进行有效沟通的技能,并达到《保育员国家职业技能标准(2019 年版)》四级和上海市保育师(四级)职业技能鉴定考核的相关要求,具体达成以下职业素养和职业能力目标。

(一) 职业素养目标

- 认同幼儿行为观察与引导工作的重要价值,积极投入幼儿行为观察与引导的学习与工作,初步具有促进幼儿身心全面和谐发展的责任感、使命感。

- 关心爱护幼儿,接纳幼儿的情绪反应,不歧视有偏差行为的幼儿,初步形成幼儿为重、保教结合、服务幼儿优先发展的思想意识。

- 观察幼儿细心,回应及时,引导耐心,接纳包容;与家长沟通暖心、贴心且富有同理心,充满人文关怀。

- 养成认真细心、钻研探索、反思改进的习惯,具备合作意识、规范意识等。

(二) 职业能力目标

- 能根据幼儿行为特点,选用合适的观察方法对幼儿进行行为观察、记录。

- 能根据幼儿年龄及行为特点,通过观察分析,初步识别幼儿内隐偏差行为(分离焦虑行为、依赖性行为、吸咬手指行为、退缩行为、选择性缄默行为)。

- 能根据幼儿年龄及行为特点,通过观察分析,初步识别幼儿外显偏差行为〔攻击性行为、说谎行为、任性(发脾气)行为、注意力分散行为、独占行为〕。

- 能与同班教师和家长合作,运用较恰当的策略,改善幼儿偏差行为。

- 能敏锐觉察幼儿的情绪情感需要,并及时回应,引导幼儿进行情绪表达与分享,并对消极情感进行适时抚慰。

- 能深入反思幼儿行为观察与引导工作,并不断改进。

四、课程内容与要求

学习任务	技能与学习要求	知识与学习要求	参考学时
1. 幼儿行为观察认知	1. 幼儿行为观察方法选择 ● 能根据观察目的选择合适的观察方法	1. 幼儿行为观察的内涵、意义与方法 ● 简述幼儿行为观察的含义与意义 ● 说明幼儿行为观察的一般方法及适用情况	6

（续表）

学习任务	技能与学习要求	知识与学习要求	参考学时
1. 幼儿行为观察认知	2. 幼儿行为记录 ● 能根据观察目的选择合适的幼儿行为观察记录表并规范填写	2. 幼儿行为观察记录表的种类及填写规范 ● 陈述幼儿行为观察记录表的常见种类及适用情况 ● 简述幼儿行为观察记录表的填写规范	
	3. 幼儿行为适宜性判断 ● 能根据幼儿年龄及行为特点，初步判断幼儿行为适宜性	3. 幼儿年龄及行为特点 ● 陈述幼儿的年龄及行为特点 4. 幼儿行为分析方法 ● 概述常用幼儿行为分析方法	
2. 幼儿外显偏差行为识别与应对	1. 识别与应对幼儿攻击性行为 ● 能初步识别幼儿攻击性行为，并做好规范记录 ● 能根据幼儿攻击性行为的影响因素，结合幼儿实际，分析其攻击性行为的成因 ● 能依据成因，与同班教师和家长合作，弱化幼儿的攻击性行为	1. 幼儿外显偏差行为的定义与种类 ● 陈述幼儿外显偏差行为的定义与种类 2. 幼儿攻击性行为的定义、表现与应对要求 ● 记住幼儿攻击性行为的定义与行为表现 ● 概述幼儿攻击性行为的形成原因与干预措施 ● 简述与攻击性行为幼儿家长沟通的要求与注意事项	20
	2. 识别与应对幼儿说谎行为 ● 能初步识别幼儿说谎行为，并做好规范记录 ● 能根据幼儿说谎行为的影响因素，结合幼儿实际，分析其说谎行为的成因 ● 能依据成因，与同班教师和家长合作，弱化幼儿的说谎行为	3. 幼儿说谎行为的定义、表现与应对要求 ● 记住幼儿说谎行为的定义与行为表现 ● 概述幼儿说谎行为的形成原因与干预措施 ● 简述与说谎行为幼儿家长沟通的要求与注意事项	
	3. 识别与应对幼儿任性行为 ● 能初步识别幼儿任性行为，并做好规范记录 ● 能根据幼儿任性行为的影响因素，结合幼儿实际，分析其任性行为的成因 ● 能依据成因，与同班教师和家长合作，弱化幼儿的任性行为	4. 幼儿任性行为的定义、表现与应对要求 ● 记住幼儿任性行为的定义与行为表现 ● 概述幼儿任性行为的形成原因与干预措施 ● 简述与任性行为幼儿家长沟通的要求与注意事项	

学习任务	技能与学习要求	知识与学习要求	参考学时
2. 幼儿外显偏差行为识别与应对	4. 识别与应对幼儿注意力分散行为 ● 能初步识别幼儿注意力分散行为,并做好规范记录 ● 能根据幼儿注意力分散行为的影响因素,结合幼儿实际,分析其注意力分散行为的成因 ● 能依据成因,与同班教师和家长合作,弱化幼儿的注意力分散行为	5. 幼儿注意力分散行为的定义、表现与应对要求 ● 记住幼儿注意力分散行为的定义与行为表现 ● 概述幼儿注意力分散行为的形成原因与干预措施 ● 简述与注意力分散行为幼儿家长沟通的要求与注意事项	
	5. 识别与应对幼儿独占行为 ● 能初步识别幼儿独占行为,并做好规范记录 ● 能根据幼儿独占行为的影响因素,结合幼儿实际,分析其独占行为的成因 ● 能依据成因,与同班教师和家长合作,弱化幼儿的独占行为	6. 幼儿独占行为的定义、表现与应对要求 ● 记住幼儿独占行为的定义与行为表现 ● 概述幼儿独占行为的形成原因与干预措施 ● 简述与独占行为幼儿家长沟通的要求与注意事项	
3. 幼儿内隐偏差行为识别与应对	1. 识别与应对幼儿分离焦虑行为 ● 能初步识别幼儿分离焦虑行为,并做好规范记录 ● 能根据幼儿分离焦虑行为的影响因素,结合幼儿实际,分析其分离焦虑行为的成因 ● 能依据成因,与同班教师和家长合作,弱化幼儿的分离焦虑行为	1. 幼儿内隐偏差行为的定义与种类 ● 介绍幼儿内隐偏差行为的定义与种类 2. 幼儿分离焦虑行为的定义、表现与应对要求 ● 记住幼儿分离焦虑行为的定义与行为表现 ● 概述幼儿分离焦虑行为的形成原因与干预措施 ● 简述与分离焦虑行为幼儿家长沟通的要求与注意事项	20
	2. 识别与应对幼儿依赖性行为 ● 能初步识别幼儿依赖性行为,并做好规范记录 ● 能根据幼儿依赖性行为的影响因素,结合幼儿实际,分析其依赖性行为的成因 ● 能依据成因,与同班教师和家长合作,弱化幼儿的依赖性行为	3. 幼儿依赖性行为的定义、表现与应对要求 ● 记住幼儿依赖性行为的定义与行为表现 ● 概述幼儿依赖性行为的形成原因与干预措施 ● 简述与依赖性行为幼儿家长沟通的要求与注意事项	

（续表）

学习任务	技能与学习要求	知识与学习要求	参考学时
3. 幼儿内隐偏差行为识别与应对	3. 识别与应对幼儿吸咬手指行为 ● 能初步识别幼儿吸咬手指行为，并做好规范记录 ● 能根据幼儿吸咬手指行为的影响因素，结合幼儿实际，分析其吸咬手指行为的成因 ● 能依据成因，与同班教师和家长合作，弱化幼儿的吸咬手指行为	4. 幼儿吸咬手指行为的定义、表现与应对要求 ● 记住幼儿吸咬手指行为的定义与行为表现 ● 概述幼儿吸咬手指行为的形成原因与干预措施 ● 简述与吸咬手指行为幼儿家长沟通的要求与注意事项	
	4. 识别与应对幼儿退缩行为 ● 能初步识别幼儿退缩行为，并做好规范记录 ● 能根据幼儿退缩行为的影响因素，结合幼儿实际，分析其退缩行为的成因 ● 能依据成因，与同班教师和家长合作，弱化幼儿的退缩行为	5. 幼儿退缩行为的定义、表现与应对要求 ● 记住幼儿退缩行为的定义与行为表现 ● 概述幼儿退缩行为的形成原因与干预措施 ● 简述与退缩行为幼儿家长沟通的要求与注意事项	
	5. 识别与应对幼儿选择性缄默行为 ● 能初步识别幼儿选择性缄默行为，并做好规范记录 ● 能根据幼儿选择性缄默行为的影响因素，结合幼儿实际，分析其选择性缄默行为的成因 ● 能依据成因，与同班教师和家长合作，弱化幼儿的选择性缄默行为	6. 幼儿选择性缄默行为的定义、表现与应对要求 ● 记住幼儿选择性缄默行为的定义与行为表现 ● 概述幼儿选择性缄默行为的形成原因与干预措施 ● 简述与选择性缄默行为幼儿家长沟通的要求与注意事项	

（续表）

学习任务	技能与学习要求	知识与学习要求	参考学时
4. 幼儿情绪情感关注与回应	关注与回应幼儿情绪情感 ● 能敏锐觉察幼儿的情绪情感需要，并及时回应 ● 能根据幼儿年龄特点，引导幼儿表达自身的情绪情感，并对消极情感进行适时抚慰 ● 能识别并支持幼儿的积极情感表达 ● 能根据幼儿年龄特点，结合具体的生活事件，引导幼儿觉察他人的情绪情感需要与感受 ● 能对有特殊需要的幼儿进行积极的关注和情感支持	1. 幼儿情绪情感的概念及分类 ● 陈述情绪情感概念 ● 列举幼儿情绪情感的种类 2. 幼儿情绪情感的发展特点 ● 陈述幼儿情绪情感的发展特点 3. 幼儿积极情绪情感的培养方法 ● 概述幼儿情绪情感的适宜表达方式 ● 归纳幼儿消极情感的抚慰策略 ● 概述幼儿积极情感的培养策略 4. 幼儿特殊心理需求识别与满足方法 ● 说明幼儿常见的特殊心理需求及其表现形式 ● 简述幼儿特殊心理需求的满足方法	8
总学时			54

五、实施建议

（一）教材编写与选用建议

1. 应依据本课程标准编写教材或选用教材，从国家和市级教育行政部门发布的教材目录中选用教材，优先选用国家和市级规划教材。

2. 教材要充分体现育人功能，紧密结合教材内容、素材，有机融入课程思政要求，将课程思政内容与专业知识、技能有机统一。

3. 树立以学生为中心的教材观，教材的结构和内容应符合中职学生认知特点与学习规律。

4. 教材应以"幼儿行为观察与引导"工作领域的职业能力为逻辑线索，按照职业能力培养由易到难、由简单到复杂、由单一到综合的规律，确定教材各部分的目标、内容，并进行相应的任务、活动设计等，从而建立起一个结构清晰、层次分明的教材内容体系。

5. 教材内容应体现实用性、先进性、前瞻性，将学前儿童行为观察与引导的新理念、新知识、新方法及时纳入其中，对接《保育员国家职业技能标准（2019 年版）》和保育师岗位要求，并吸收学前教育先进行业文化和优秀幼儿园文化。教材具有真实的职业情境，职场感强。

6. 教材要贴近学生生活，贴近职场，采用生动活泼的、学生乐于接受的语言、图表等去呈现内容,让学生在使用教材时有亲切感、真实感。

7. 鼓励园校合作开发教材,教材呈现形式多样化,倡导开发工作手册式新形态融媒体教材,并配套开发信息化资源或数字教材。

（二）教学实施建议

1. 切实推进课程思政建设,寓价值观引导、职业道德教育、职业情感教育、职业精神教育、劳动教育等于教育教学全过程,帮助学生树立职业理想,同时塑造正确的世界观、人生观、价值观。要深入梳理教学内容,结合课程特点,深入挖掘课程思政元素,有机融入课程教学,达到润物无声的育人效果。

2. 教学实施要基于本课程标准,结合学前教育行业的变化和学生实际及时优化与调整。

3. 教学要充分体现"实践导向、任务引领、理实一体、做学合一"的职教课改理念,紧密联系幼儿行为观察与引导工作实际,以具体的幼儿外显偏差行为、幼儿内隐偏差行为识别与引导等工作任务为载体,加强理论教学与实践教学的结合,充分利用各种实训场所与设备,促进教与学方式的转变。

4. 教师应坚持以学生为中心的教学理念,充分尊重学生,遵循学生认知特点和学习规律,努力成为学生学习的组织者、指导者和同伴。

5. 采取灵活多样的教学方式,充分调动学生学习的积极性、能动性,积极探索自主学习、合作学习、探究式学习、问题导向式学习、体验式学习、混合式学习等体现教学新理念的教学方式。同时创造条件进行实景教学,提高学生解决幼儿行为观察与引导工作实际问题的能力。

6. 充分利用信息技术进行线上线下混合在线教学,提高教学效率。

7. 工学结合,组织学生到幼儿园见习1—2周,在职业现场进行学习,以加深学生对课程内容的理解,提升教学质量。

（三）教学评价建议

1. 要以本课程标准为依据,开展基于标准的教学评价。

2. 以评促教、以评促学,通过课堂教学及时评价,不断改进教学方法与手段。

3. 教学评价始终坚持德技并重的原则,构建德技融合的专业课教学评价体系,把德育和职业素养的评价内容与要求细化为具体的评价指标,有机融入专业知识与技能的评价指标体系,形成可观察可测量的评价量表,综合评价学生学习情况。通过有效评价,在日常教学中不断促进学生思想品德和职业素养的形成。

4. 注重日常教学中对学生学习过程的评价。充分利用多种过程性评价工具,如评价表、记录袋等,积累过程性评价数据,形成过程性评价与终结性评价相结合的评价模式。

5. 教学评价的主体可以多元化,采取教师评价、学生自评和互评相结合的方式。

6. 要体现课程在评价上的特殊性,应注重对学生在实践中分析问题、解决问题能力的考核,对学习和应用上有创新的学生应给予特别鼓励,综合评价学生能力。

(四)资源利用建议

1. 就近优质幼儿园的环境、幼儿和保教人员都是本课程重要的教育资源,应密切与学校附近优质幼儿园的关系,共享教育资源,充分发挥其作用。

2. 园校合作开发教学资源,所有操作要配备规范操作视频,并尽量提供实景视频或图片,帮助学生了解幼儿行为观察与引导工作实际。

3. 校内,创建仿真模拟实训室,创设真实的学习情境;同时充分利用并完善校内行为观察实训设备,确保实训教学顺利进行。校外,努力创建优质实训基地,通过见实习,满足学生综合职业能力提升的要求。

4. 充分利用信息技术,提高教育教学效益。积极创造条件建设课程教学交流平台、互动教学平台、远程教学系统等,同时充分利用搜索引擎、电子书籍、电子期刊、数字图书馆、教育网站和教学资源网站等网络信息资源,提高教学效率。

保育师口语沟通课程标准

▎课程名称

保育师口语沟通

▎适用专业

中等职业学校幼儿保育专业

一、课程性质

本课程是中等职业学校幼儿保育专业的一门专业核心课程,也是一门专业必修课程。其功能是使学生掌握保育师口语沟通的基本知识与技能,具备与幼儿、家长及同事沟通的职业能力。本课程可为幼儿生活活动保育、幼儿园教育活动保育、托班幼儿早期发展支持等专业课程的学习奠定语言沟通基础。

二、设计思路

本课程遵循任务引领、理实一体的原则,根据中职幼儿保育专业的工作任务与职业能力分析结果,以"幼儿生活活动保育""幼儿园教育活动辅助"等工作领域的相关工作任务与职业能力所需的口语沟通知识技能要求为依据而设置。

课程内容紧紧围绕"幼儿生活活动保育""幼儿园教育活动辅助"等工作领域相关职业能力培养的需要,选取了与幼儿沟通、与家长沟通、与同事沟通、与社区沟通等内容,遵循适度够用的原则,确定相关理论知识、专业技能与要求,并融入《保育员国家职业技能标准(2019年版)》、上海市保育师(五级、四级)职业技能鉴定考核,以及《保育师国家职业技能标准(2021年版)》的相关要求。

课程内容组织按照职业能力发展规律和学生认知规律,以幼儿生活活动保育、幼儿园教育活动辅助等工作所需的保育师口语沟通知识与技能为线索,按照由基础到应用、由单向训练到综合训练的逻辑排序,设有保育师口语沟通认知、与幼儿沟通(不同年龄班、不同气质类型、特殊情况下)、与家长沟通(不同辈分、不同教养方式、特殊情况下)、与同事沟通(常态下、特殊情况下)、与社区沟通(常态下、特殊情况下)5个学习任务,以任务为引领,通过学习任务整合相关知识、技能与职业素养。

本课程建议课时为54学时。

三、课程目标

通过本课程的学习,学生初步理解保育师口语沟通的基础知识,掌握与幼儿沟通、与家长沟通、与同事沟通等基本技能,并达到《保育员国家职业技能标准(2019 年版)》四级和上海市保育师(四级)职业技能鉴定考核的相关要求,具体达成以下职业素养和职业能力目标。

(一)职业素养目标

- 认同口语沟通技巧在保育工作中的重要作用,积极投入保育师口语沟通课程的学习,初步具有学好口语沟通技巧、提高保育专业技能水平的紧迫感与责任感。

- 关心爱护幼儿,愿为促进幼儿身心健康成长与同事和家长积极沟通合作,初步形成合作共育、服务幼儿优先发展的思想意识。

- 沟通过程充满人文关怀;与幼儿沟通细心、耐心,与同事沟通理解、包容,与家长沟通暖心、贴心且富有同理心。

- 养成认真细心、钻研探索、反思改进的习惯,具备合作意识、规范意识、时间效率意识等。

(二)职业能力目标

- 能根据一日生活各环节的常规内容与保教目标,与不同年龄(托、小、中、大班)的幼儿进行有效沟通。

- 能在特殊情况下,根据幼儿年龄与具体情境,使用合适的语言与不同特点的幼儿进行有效沟通。

- 能根据一日生活各环节的常规内容与保教目标,与不同类型的同事进行有效沟通。

- 能在特殊情况下,根据具体工作情境,使用合适的语言与不同个性特点的同事进行有效沟通。

- 能根据幼儿园保教工作的常规内容与保教目标,通过不同途径与不同类型的家长进行有效沟通。

- 能在特殊情况下,根据幼儿的具体情况,使用合适的语言与不同个性特点的家长进行有效沟通。

- 能根据沟通目的,结合具体沟通内容,使用合适的语言与社区工作人员进行有效沟通。

- 能在特殊情况下,根据具体工作情况,使用合适的语言与社区工作人员进行有效沟通。

四、课程内容与要求

学习任务	技能与学习要求	知识与学习要求	参考学时
1. 保育师口语沟通认知	1. 保育师口语沟通辨析 ● 能根据情境辨析沟通是否发生 ● 能根据沟通的情境辨别沟通的有效性 ● 反思自己当下的沟通水平及其对保育工作的影响	1. 保育师口语沟通基础知识 (1) 保育师口语沟通的含义、意义与影响因素 ● 陈述口语沟通的含义 ● 说明保育师口语沟通的意义 ● 举例说明保育师口语沟通的影响因素 (2) 保育师口语沟通的特点和分类 ● 简述保育师口语沟通的特点 ● 陈述保育师口语沟通的分类 (3) 保育师口语沟通的基本原则与策略 ● 简述保育师口语沟通的基本原则 ● 熟记保育师口语沟通的基本策略	4
2. 与幼儿沟通	1. 与不同年龄班幼儿的口语沟通 ● 能依据托、小、中、大班幼儿年龄特点，结合具体情境，进行日常口语沟通（介绍、交代、表扬、激励、说服）	1. 与不同年龄班幼儿口语沟通的特点与要求 ● 简述托、小、中、大班各年龄幼儿语言发展的特点 ● 熟记与托、小、中、大班各年龄幼儿口语沟通的基本要求 ● 说明与托、小、中、大班各年龄幼儿口语沟通时的注意事项	6
	2. 与不同气质类型幼儿的口语沟通 ● 能依据不同气质类型幼儿的特点，结合具体情境，有效进行口语沟通	2. 不同气质类型幼儿的特点与口语沟通策略 ● 说明不同气质类型（多血质、胆汁质、黏液质、抑郁质）幼儿的特点 ● 简述不同气质类型幼儿在活动中的表现特点 ● 熟记与不同气质类型幼儿口语沟通的策略	4
	3. 一日生活中与幼儿的口语沟通 ● 能在不同活动环节（来园、离园、进餐、睡眠、如厕、盥洗、运动、游戏、学习活动等）中根据工作内容与幼儿年龄特点、保教目标与幼儿进行有效沟通	3. 一日生活中与幼儿口语沟通的要求 ● 说明在不同活动（来园、离园、进餐、睡眠、如厕、盥洗、运动、游戏、学习活动等）中与幼儿口语沟通的时机 ● 简述在一日生活不同环节中与幼儿口语沟通的内容 ● 举例说明在一日生活不同环节中与幼儿口语沟通的策略	8

（续表）

学习任务	技能与学习要求	知识与学习要求	参考学时
2. 与幼儿沟通	4. 特殊情况下与幼儿的口语沟通 ● 能在特殊情况（大型活动、节假日前、外出游玩、意外事件等）下，根据具体情境与沟通目的，把握恰当的沟通时机，与幼儿进行有效沟通	4. 特殊情况下与幼儿口语沟通的意义与要求 ● 说明在特殊情况下与幼儿进行有效沟通的意义 ● 简述在特殊情况下与幼儿口语沟通的时机 ● 阐述在特殊情况下与幼儿口语沟通的原则 ● 举例说明在特殊情况下与幼儿口语沟通的策略	4
3. 与家长沟通	1. 与不同辈分幼儿家长的口语沟通 ● 能依据不同辈分家长的特点，结合沟通内容与目标，运用恰当的语言，与不同辈分幼儿家长进行有效沟通	1. 与不同辈分幼儿家长口语沟通的特点与要求 ● 简述与不同辈分（父母辈分、爷爷奶奶辈分）幼儿家长沟通的特点 ● 阐述与不同辈分幼儿家长沟通的原则 ● 举例说明与不同辈分幼儿家长沟通的策略 ● 熟记与隔代辈分家长沟通时的注意事项	4
	2. 与不同教养方式家长的口语沟通 ● 能依据不同教养方式家长的特点，结合沟通内容与目标，运用恰当的语言，与不同教养方式家长进行有效沟通	2. 不同教养方式家长的特点与口语沟通策略 ● 说出不同教养方式（专制型、放任型、忽视型、权威型）家长的特点 ● 阐述与不同教养方式家长沟通的原则 ● 举例说明与不同教养方式家长沟通的策略	4
	3. 特殊情况下与家长的口语沟通 ● 能在特殊情况（大型活动、节假日前、外出游玩、家长会、家访、意外事件等）下，根据具体情境与沟通目的，把握恰当的沟通时机，与家长进行有效沟通	3. 特殊情况下与家长口语沟通的意义与要求 ● 说明在特殊情况下与家长进行有效沟通的意义 ● 简述在特殊情况下与家长口语沟通的时机 ● 阐述在特殊情况下与家长口语沟通的原则 ● 举例说明在特殊情况下与家长口语沟通的策略	4

（续表）

学习任务	技能与学习要求	知识与学习要求	参考学时
4. 与同事沟通	1. 与同事的日常口语沟通 ● 能依据不同工作环节与内容,把握与同事口语沟通的时机,并根据同事的个性特点与沟通目的进行有效沟通	1. 与同事日常口语沟通的要求 ● 简述与同事(本班幼儿教师、邻班保教教师)日常口语沟通的时机 ● 阐述与同事日常口语沟通的原则 ● 举例说明与不同同事口语沟通的策略	4
	2. 与上级同事的口语沟通 ● 能依据不同工作内容,把握与上级同事口语沟通的时机,并根据同事的特点与沟通目的进行有效沟通	2. 与上级同事口语沟通的要求 ● 简述与上级同事(园领导、保健教师)日常口语沟通的时机 ● 阐述与上级同事日常口语沟通的原则 ● 举例说明与不同上级同事口语沟通的策略	4
	3. 特殊情况下与同事的口语沟通 ● 能在特殊情况(大型活动、节假日前、外出游玩、意外事件等)下,根据具体情境与沟通目的,把握恰当的沟通时机,与同事进行有效沟通	3. 特殊情况下与同事口语沟通的意义与要求 ● 说明在特殊情况下与同事进行有效沟通的意义 ● 简述在特殊情况下与同事口语沟通的时机 ● 阐述在特殊情况下与同事口语沟通的原则 ● 举例说明在特殊情况下与同事口语沟通的策略	4
5. 与社区沟通	1. 与社区工作人员的日常口语沟通 ● 能依据不同工作环节与内容,把握与社区工作人员口语沟通的时机,并根据沟通目的进行有效沟通	1. 与社区工作人员日常口语沟通的要求 ● 简述与社区工作人员日常口语沟通的时机 ● 阐述与社区工作人员日常口语沟通的原则 ● 举例说明与不同社区工作人员口语沟通的策略	2
	2. 特殊情况下与社区工作人员的口语沟通 ● 能在特殊情况(大型活动、意外事件等)下,根据具体情境与沟通目的,把握恰当的沟通时机,与社区工作人员进行有效沟通	2. 特殊情况下与社区工作人员口语沟通的意义与要求 ● 说明在特殊情况下与社区工作人员进行有效沟通的意义 ● 简述在特殊情况下与社区工作人员口语沟通的时机 ● 阐述在特殊情况下与社区工作人员口语沟通的原则 ● 举例说明在特殊情况下与社区工作人员口语沟通的策略	2
总学时			54

五、实施建议

（一）教材编写与选用建议

1. 应依据本课程标准编写教材或选用教材，从国家和市级教育行政部门发布的教材目录中选用教材，优先选用国家和市级规划教材。

2. 教材要充分体现育人功能，紧密结合教材内容、素材，有机融入课程思政要求，将课程思政内容与专业知识、技能有机统一。

3. 树立以学生为中心的教材观，教材结构和内容应符合中职学生认知特点与学习规律。

4. 教材应以保育师口语沟通对象为逻辑线索，按照职业能力培养由易到难、由简单到复杂、由单一到综合的规律，确定教材各部分的目标、内容，并进行相应的任务、活动设计等，从而建立起一个结构清晰、层次分明的教材内容体系。

5. 教材内容应体现实用性、先进性、前瞻性，将人际沟通方面的新理念、新知识、新方法及时纳入其中，对接《保育员国家职业技能标准(2019 年版)》和保育师岗位要求，并吸收学前教育先进行业文化和优秀幼儿园文化。教材具有真实的职业情境，职场感强。

6. 教材要贴近学生生活，贴近职场，采用生动活泼的、学生乐于接受的语言、图表等去呈现内容，让学生在使用教材时有亲切感、真实感。

7. 鼓励园校合作开发教材，教材呈现形式多样化，倡导开发工作手册式新形态融媒体教材，并配套开发信息化资源或数字教材。

（二）教学实施建议

1. 切实推进课程思政建设，寓价值观引导、职业道德教育、职业情感教育、职业精神教育、劳动教育等于教育教学全过程，帮助学生树立职业理想，同时塑造正确的世界观、人生观、价值观。要深入梳理教学内容，结合课程特点，深入挖掘课程思政元素，有机融入课程教学，达到润物无声的育人效果。

2. 教学实施要基于本课程标准，结合学前教育行业的变化和学生实际及时优化与调整。

3. 教学要充分体现"实践导向、任务引领、理实一体、做学合一"的职教课改理念，紧密联系幼儿园保育工作实际，以具体的与幼儿沟通、与同事沟通、与家长沟通、与社区沟通工作任务为载体，加强理论教学与实践教学的结合，充分利用各种实训场所与设备，促进教与学方式的转变。

4. 教师应坚持以学生为中心的教学理念，充分尊重学生，遵循学生认知特点和学习规律，努力成为学生学习的组织者、指导者和同伴。

5. 采取灵活多样的教学方式,充分调动学生学习的积极性、能动性,积极探索自主学习、合作学习、探究式学习、问题导向式学习、体验式学习、混合式学习等体现教学新理念的教学方式。同时创造条件进行实景教学,提高学生解决保育师口语沟通实际问题的能力。

6. 充分利用信息技术进行线上线下混合在线教学,提高教学效率。

7. 工学结合,组织学生到幼儿园见习 1—2 周,在职业现场进行学习,以加深学生对课程内容的理解,提升教学质量。

(三)教学评价建议

1. 要以本课程标准为依据,开展基于标准的教学评价。

2. 以评促教、以评促学,通过课堂教学及时评价,不断改进教学方法与手段。

3. 教学评价始终坚持德技并重的原则,构建德技融合的专业课教学评价体系,把德育和职业素养的评价内容与要求细化为具体的评价指标,有机融入专业知识与技能的评价指标体系,形成可观察可测量的评价量表,综合评价学生学习情况。通过有效评价,在日常教学中不断促进学生思想品德和职业素养的形成。

4. 注重日常教学中对学生学习过程的评价。充分利用多种过程性评价工具,如评价表、记录袋等,积累过程性评价数据,形成过程性评价与终结性评价相结合的评价模式。

5. 教学评价的主体可以多元化,采取教师评价、学生自评和互评相结合的方式。

6. 要体现课程在评价上的特殊性,应注重对学生在实践中分析问题、解决问题能力的考核,对学习和应用上有创新的学生应给予特别鼓励,综合评价学生能力。

(四)资源利用建议

1. 就近优质幼儿园的环境、幼儿和保教人员都是本课程重要的教育资源,应密切与学校附近优质幼儿园的关系,共享教育资源,充分发挥其作用。

2. 园校合作开发教学资源,所有操作要配备规范操作视频,并尽量提供实景视频或图片,帮助学生了解保育师口语沟通工作实际。

3. 校内,创建仿真模拟实训室,创设真实的学习情境;同时充分利用并完善校内口语实训设备,确保实训教学顺利进行。校外,努力创建优质实训基地,通过见习,满足学生综合职业能力提升的要求。

4. 充分利用信息技术,提高教育教学效益。积极创造条件建设课程教学交流平台、互动教学平台、远程教学系统等,同时充分利用搜索引擎、电子书籍、电子期刊、数字图书馆、教育网站和教学资源网站等网络信息资源,提高教学效率。

幼儿心理发展与保育课程标准

▌课程名称

幼儿心理发展与保育

▌适用专业

中等职业学校幼儿保育专业

一、课程性质

本课程是中等职业学校幼儿保育专业的一门专业核心课程,也是一门专业必修课程。其功能是使学生掌握幼儿心理发展规律及其保育工作的基本知识与技能,具备基于幼儿心理发展规律与特点开展幼儿保育工作的理论修养与相应的职业能力。本课程是幼儿生活活动保育、幼儿健康照护、幼儿园教育活动保育等课程的后续课程。

二、设计思路

本课程参照《保育员国家职业技能标准(2019年版)》和上海市保育师职业技能鉴定考核考试大纲的相关内容,根据中职幼儿保育专业的工作任务与职业能力分析结果,以各工作领域共同涉及的幼儿心理发展基础理论为依据而设置。

课程内容紧紧围绕形成中职幼儿保育专业各工作领域相关职业能力应具备的幼儿心理学基础理论知识和幼儿园保育人员应具备的心理方面的职业素养要求,选取了幼儿心理发展内涵以及幼儿认知发展、言语发展、社会性心理发展及其保育等内容,同时充分考虑本专业学生已有相关知识经验基础及接受能力,并融入《保育员国家职业技能标准(2019年版)》的相关要求。

课程内容组织按照学生认知规律,以幼儿心理发展的基础理论为线索,根据学科知识自身的组织逻辑进行编排,设有幼儿心理发展概述、幼儿认知发展与保育、幼儿言语发展与保育、幼儿社会性心理发展与保育4个学习主题。

本课程建议课时为54学时。

三、课程目标

通过本课程的学习,学生初步掌握幼儿心理发展及其保育的基本理论知识,初步具有遵循幼儿心理发展规律开展保育工作、运用幼儿心理发展理论分析指导自身保育实践的意识与习惯,并达到《保育员国家职业技能标准(2019 年版)》四级和上海市保育师(四级)职业技能鉴定考核的相关要求,具体达成以下职业素养和职业能力目标。

(一) 职业素养目标

● 认同幼儿心理发展理论指导保育实践的重要价值,积极投入幼儿心理发展与保育课程的学习,初步具有遵循幼儿身心发展规律、促进幼儿身心全面和谐发展的责任感、使命感。

● 关心爱护幼儿,公平对待每一位幼儿,形成正确的儿童观。面向全体,根据幼儿身心发展的年龄特点,促进每一位幼儿的发展;尊重差异,根据幼儿个体特点因材施教、因材施保。

● 照顾指导幼儿专心、细心,与家长沟通暖心、贴心且富有同理心,充满人文关怀。

● 养成认真细心、钻研探索、反思改进的习惯,具备合作意识、时间效率意识等。

(二) 职业能力目标

● 能根据认知、言语、个性及社会性的基本概念及主要内涵,判断情境案例中幼儿表现出的心理类型。

● 能根据幼儿认知、言语和社会性心理发展的基本特点,运用相关心理学知识初步分析情境案例中保育措施的适宜性。

● 能根据相关心理发展理论,初步分析幼儿发展的实际问题,并对幼儿的行为表现提出适宜的保育措施。

● 能根据案例情境的描述,分析保育师工作对幼儿心理发展的影响。

● 能根据幼儿身心发展特点,对自身的保育行为进行分析反思。

四、课程内容与要求

学习主题	学习内容	学 习 要 求	参考学时
1. 幼儿心理发展概述	1. 幼儿心理学的研究对象	● 阐述幼儿心理学的研究对象 ● 能结合案例辨认幼儿的各种心理现象	4
	2. 幼儿心理学的研究任务	● 阐述幼儿心理学的研究任务	
	3. 影响幼儿心理发展的因素	● 列举影响幼儿心理发展的因素 ● 能根据案例中幼儿的成长环境,初步分析该行为表现的成因	
	4. 幼儿心理的发展特征	● 能结合保教案例,说明幼儿心理发展的规律(连续性和阶段性、普遍性和差异性、生物性和社会性)	

(续表)

学习主题	学习内容	学 习 要 求	参考学时
2. 幼儿认知发展与保育	1. 幼儿感知觉的发展与保育	● 举例说明感觉、知觉的含义 ● 归纳感知觉的种类 ● 说明2—3岁幼儿感知觉的发展特点及保育要点(培养策略及方法) ● 能结合保育案例,分析感知觉在2—3岁幼儿认知发展中的表现和作用 ● 能结合保育案例,分析保育师的工作对2—3岁幼儿感知觉发展的影响 ● 说明3—6岁幼儿感知觉的发展特点及保育要点 ● 能结合保育案例,分析保育师的工作对3—6岁幼儿感知觉发展的影响	27
	2. 幼儿注意的发展与保育	● 举例说明注意的含义及种类 ● 概述幼儿注意的发展特点及趋势 ● 列举幼儿注意发展的保育要点 ● 能结合保育案例,分析注意在幼儿认知发展中的表现和作用 ● 能结合保育案例,分析保育师的工作对幼儿注意发展的影响 ● 能分析幼儿注意力分散的原因,针对案例中的情境,选择帮助幼儿保持、延长有意注意时间的方法	
	3. 幼儿记忆的发展与保育	● 举例说明记忆的含义及种类 ● 概述幼儿记忆的发展特点及趋势 ● 列举幼儿记忆发展的保育要点 ● 能结合保育案例,分析记忆在幼儿认知发展中的表现和作用 ● 能结合保育案例,分析保育师的工作对幼儿记忆发展的影响 ● 能结合幼儿记忆发展的特点及一般规律,针对案例中的情境,选择促进幼儿记忆的培养策略	
	4. 幼儿思维的发展与保育	● 举例说明思维的含义及种类 ● 概述幼儿思维的发展特点及趋势 ● 列举幼儿思维发展的保育要点 ● 能结合保育案例,分析思维在幼儿认知发展中的表现和作用 ● 能结合保育案例,分析保育师的工作对幼儿思维发展的影响 ● 能结合幼儿思维发展的特点,针对案例中的情境,选择促进幼儿思维的培养策略	

（续表）

学习主题	学习内容	学 习 要 求	参考学时
2. 幼儿认知发展与保育	5. 幼儿想象的发展与保育	● 举例说明想象的含义及种类 ● 概述幼儿想象的发展特点及趋势 ● 列举幼儿想象发展的保育要点 ● 能结合保育案例,分析想象在幼儿认知发展中的表现和作用 ● 能结合保育案例,分析保育师的工作对幼儿想象发展的影响 ● 能结合幼儿想象发展的特点,针对案例中的情境,选择促进幼儿想象的培养策略	
3. 幼儿言语发展与保育	幼儿言语的发展与保育	● 举例说明言语的含义及种类 ● 概述幼儿口头语言发展的阶段及各阶段的发展特点 ● 列举幼儿言语发展的保育要点 ● 能结合保育案例,分析言语在幼儿认知发展中的表现和作用 ● 能结合保育案例,分析保育师的工作对幼儿言语发展的影响 ● 能根据幼儿口头语言发展的阶段及各阶段的发展特点,初步判断幼儿言语发展水平及所处阶段 ● 能结合幼儿口语发展的特点,选择促进幼儿言语发展的保育措施	6
4. 幼儿社会性心理发展与保育	1. 幼儿情绪情感的发展与保育	● 举例说明情绪情感的含义及种类 ● 复述幼儿情绪情感发展的规律与特点 ● 通过对幼儿行为表现的观察,敏锐辨识幼儿的情绪情感需要,并及时给予关注 ● 能根据幼儿情绪情感的发展特点,采取积极有效的保育措施 ● 能结合保育案例,初步分析保育师的工作对幼儿情绪情感发展的影响	17
	2. 幼儿个性的发展与保育	● 陈述个性的含义 ● 陈述个性心理结构的组成 ● 概述个性的基本特征 ● 概述气质概念、类型及典型特征表现 ● 概述自我意识概念、类型 ● 能运用气质理论,解释幼儿的个性化行为表现,提出适宜的保育策略 ● 能结合保育案例,初步分析保育师的工作是否符合幼儿气质特点及其保育效果	

学习主题	学习内容	学 习 要 求	参考学时
4. 幼儿社会性心理发展与保育	3. 幼儿亲子关系的发展与保育	● 陈述依恋的概念和种类，并举例说明其意义 ● 能根据对幼儿亲子依恋行为的描述，判断幼儿亲子依恋的类型 ● 能结合保育案例，初步分析造成幼儿依恋的影响因素及其对后期社会行为的影响，并提出教育对策 ● 能结合保育案例，分析保育师的工作对幼儿亲子关系发展的影响	
	4. 幼儿同伴关系的发展与保育	● 简述同伴关系的性质和功能 ● 能结合保育案例，归纳幼儿同伴交往的策略 ● 能结合保育案例，分析影响幼儿同伴关系的因素及其对后期社会行为的影响，并提出教育对策 ● 能结合保育案例，分析保育师的工作对幼儿同伴关系发展的影响	
	5. 幼儿社会适应行为的发展与保育	● 概述幼儿亲社会行为的概念及其发展特点 ● 能结合保育案例，分析幼儿亲社会行为的表现及作用 ● 能根据幼儿的行为表现，初步识别攻击性行为，选择合适的保育措施 ● 能结合保育案例，分析保育师的工作对幼儿社会适应行为发展的影响	
总学时			54

五、实施建议

（一）教材编写与选用建议

1. 应依据本课程标准编写教材或选用教材，从国家和市级教育行政部门发布的教材目录中选用教材，优先选用国家和市级规划教材。

2. 教材要充分体现育人功能，紧密结合教材内容、素材，有机融入课程思政要求，将课程思政内容与专业知识、技能有机统一。

3. 树立以学生为中心的教材观，教材的结构和内容应符合中职学生认知特点与学习规律。

4. 教材应以幼儿心理发展的各要素为逻辑线索，按照职业能力培养由易到难、由简单到复杂、由单一到综合的规律，确定教材各部分的目标、内容，并进行相应的任务、活动设计等，从而建立起一个结构清晰、层次分明的教材内容体系。

5. 教材内容应体现实用性、先进性、前瞻性,将学前儿童心理发展的新理念、新知识、新方法及时纳入其中,对接《保育员国家职业技能标准(2019年版)》和保育师岗位要求,并吸收学前教育先进行业文化和优秀幼儿园文化。教材具有真实的职业情境,职场感强。

6. 教材要贴近学生生活,贴近职场,采用生动活泼的、学生乐于接受的语言、图表等去呈现内容,让学生在使用教材时有亲切感、真实感。

7. 鼓励园校合作开发教材,教材呈现形式多样化,倡导开发工作手册式新形态融媒体教材,并配套开发信息化资源或数字教材。

(二)教学实施建议

1. 切实推进课程思政建设,寓价值观引导、职业道德教育、职业情感教育、职业精神教育、劳动教育等于教育教学全过程,帮助学生树立职业理想,同时塑造正确的世界观、人生观、价值观。要深入梳理教学内容,结合课程特点,深入挖掘课程思政元素,有机融入课程教学,达到润物无声的育人效果。

2. 教学实施要基于本课程标准,结合学前教育行业的变化和学生实际及时优化与调整。

3. 教学要充分体现"实践导向"的职教课改理念,紧密联系幼儿园保育工作实际,培养学生理论联系实际、用理论解决实际真问题的能力。

4. 教师应坚持以学生为中心的教学理念,充分尊重学生,遵循学生认知特点和学习规律,努力成为学生学习的组织者、指导者和同伴。

5. 采取灵活多样的教学方式,充分调动学生学习的积极性、能动性,积极探索自主学习、合作学习、探究式学习、问题导向式学习、体验式学习、混合式学习等体现教学新理念的教学方式。

6. 充分利用信息技术进行线上线下混合在线教学,提高教学效率。

7. 工学结合,组织学生到幼儿园见习1—2周,在职业现场进行学习,以加深学生对课程内容的理解,提升教学质量。

(三)教学评价建议

1. 要以本课程标准为依据,开展基于标准的教学评价。

2. 以评促教、以评促学,通过课堂教学及时评价,不断改进教学方法与手段。

3. 教学评价始终坚持德技并重的原则,构建德技融合的专业课教学评价体系,把德育和职业素养的评价内容与要求细化为具体的评价指标,有机融入专业知识与能力的评价指标体系,形成可观察可测量的评价量表,综合评价学生学习情况。通过有效评价,在日常教学中不断促进学生思想品德和职业素养的形成。

4. 注重日常教学中对学生学习过程的评价。充分利用多种过程性评价工具,如评价表、记录袋等,积累过程性评价数据,形成过程性评价与终结性评价相结合的评价模式。

5. 教学评价的主体可以多元化,采取教师评价、学生自评和互评相结合的方式。

6. 要体现课程在评价上的特殊性,应注重对学生在实践中分析问题、解决问题能力的考核,对学习和应用上有创新的学生应给予特别鼓励,综合评价学生能力。

(四)资源利用建议

1. 就近优质幼儿园的环境、幼儿和保教人员都是本课程重要的教育资源,应密切与学校附近优质幼儿园的关系,共享教育资源,充分发挥其作用。

2. 园校合作开发教学资源,所有操作要配备规范操作视频,并尽量提供实景视频或图片,帮助学生了解幼儿心理发展与保育工作实际。

3. 努力创建优质校外实训基地,通过见习,满足学生综合职业能力提升的要求。

4. 充分利用信息技术,提高教育教学效益。积极创造条件建设课程教学交流平台、互动教学平台、远程教学系统等,同时充分利用搜索引擎、电子书籍、电子期刊、数字图书馆、教育网站和教学资源网站等网络信息资源,提高教学效率。

幼儿文学课程标准

▌课程名称

幼儿文学

▌适用专业

中等职业学校幼儿保育专业

一、课程性质

本课程是中等职业学校幼儿保育专业的一门专业限定选修课程,也是一门专业拓展课程。其功能是使学生掌握幼儿文学方面的基本知识与基本表达技能,具备对幼儿文学作品的审美情趣以及赏读幼儿文学作品的基本职业能力。本课程可为幼儿生活活动保育、幼儿园教育活动保育、托班幼儿早期发展支持等专业课程的学习奠定基础。

二、设计思路

本课程遵循由易到难、理实一体的原则,根据中职幼儿保育专业的工作任务与职业能力分析结果,以"幼儿生活活动保育""幼儿园教育活动辅助"等工作领域的相关工作任务和职业能力所需的幼儿文学知识技能要求为依据而设置。

课程内容紧紧围绕"幼儿生活活动保育""幼儿园教育活动辅助"等工作领域相关职业能力培养的需要,选取了幼儿文学基础知识、幼儿文学各类常见作品的赏析与表达等内容,遵循适度够用的原则,确定相关理论知识、专业技能与要求,并融入《保育员国家职业技能标准(2019 年版)》、上海市保育师(五级、四级)职业技能鉴定考核,以及《保育师国家职业技能标准(2021 年版)》的相关要求。

课程内容组织按照职业能力发展规律和学生认知规律,以幼儿生活活动保育、幼儿园教育活动辅助等工作所需的幼儿文学知识技能为线索,按照由基础到应用、由单向训练到综合训练的逻辑排序,设有幼儿文学概述、儿童诗歌、童话、幼儿故事与幼儿寓言、幼儿散文与幼儿科学文艺、幼儿图画书、幼儿戏剧及幼儿影视文学 7 个学习主题,以主题整合相关知识、技能与职业素养。

本课程建议课时为 54 学时。

三、课程目标

通过本课程的学习,学生了解幼儿文学的基础知识,掌握幼儿文学作品赏析与演绎的基本技能,并达到《保育员国家职业技能标准(2019年版)》四级和上海市保育师(四级)职业技能鉴定考核的相关要求,具体达成以下职业素养和职业能力目标。

(一)职业素养目标

- 欣赏中国儿童文学经典作品,感受中华民族经典儿童文学作品的文化内涵及其与社会发展的相互关系,坚定文化自信,增强传承与弘扬中华民族优秀文化传统的责任感与使命感。

- 懂得幼儿文学作品对幼儿身心发展的独特价值,热爱幼儿文学,积极参与幼儿文学学习活动,不断提升幼儿文学欣赏与演绎的技能与修养。

- 深刻理解幼儿文学与社会生活、自然界及与幼儿身心发展的关系,感受幼儿文学作品真善美的魅力,具备发现、感知、欣赏文学作品美的意识。

- 深入研赏幼儿文学作品,专注刻苦,有耐心、有毅力,精益求精,勇于创新。

(二)职业能力目标

- 能借助文献资料介绍部分中国经典幼儿文学作品的艺术特色、思想情感与文化价值。

- 能初步分析幼儿文学作品的体裁、主题、童真童趣及适合的年龄班。

- 能根据幼儿文学作品的主题与内容,对各类幼儿文学作品进行较生动的演绎与创意表达。

- 能辅助幼儿园教师开展与幼儿文学相关的教育教学活动。

四、课程内容与要求

学习主题	技能与学习要求	知识与学习要求	参考学时
1. 幼儿文学概述	1. 辨识幼儿文学作品 ● 能根据幼儿文学作品的特征辨识幼儿文学作品 ● 能分析幼儿文学作品的内容与主题,并列举该作品的教育功能	1. 幼儿文学概述 ● 说明幼儿文学的定义与常见体裁 ● 解释幼儿文学作品的基本特征 ● 举例说明幼儿文学作品的教育功能 ● 简述幼儿文学作品的特点 ● 阐述幼儿文学对幼儿身心发展的重要价值 ● 列举幼儿接受文学的特殊心理与特殊方式	4

（续表）

学习主题	技能与学习要求	知识与学习要求	参考学时
1. 幼儿文学概述	2. 幼儿文学阅读环境布置 ● 能协助教师布置幼儿园某年龄班的阅读角环境	2. 幼儿文学阅读环境的意义与要求 ● 解释幼儿文学阅读环境的内涵 ● 说明成人协助幼儿文学阅读的途径与方法 ● 列举创设幼儿文学阅读心境与情境的做法 ● 简述为幼儿选书、藏书及陈列的要求 ● 举例说明如何为幼儿提供合适的阅读时间与阅读方式	
2. 儿童诗歌	1. 儿歌的分析与演绎 ● 能区分儿歌及其种类 ● 能分析儿歌的主题、童趣及其适合的年龄班 ● 能根据幼儿年龄及实际表现等,为幼儿选择合适的儿歌 ● 能通过语言及非语言手段生动形象地演绎儿歌 ● 能借助玩教具等多种媒介创意表达儿歌	1. 儿歌的基础知识 ● 简述儿歌的概念、基本特征及其对幼儿身心发展的重要价值 ● 举例说明儿歌的种类以及各类儿歌的特征与教育功能 ● 陈述不同年龄儿歌的特点 2. 儿歌赏读要求 ● 描述演绎儿歌的基本要求 ● 列举培养幼儿对儿歌产生兴趣的方法	14
	2. 童谣的分析与演绎 ● 能区分童谣及其种类 ● 能分析童谣的主题、童趣及其适合的年龄班 ● 能根据幼儿年龄及实际表现等,为幼儿选择合适的童谣 ● 能通过语言及非语言手段生动形象地演绎童谣 ● 能借助玩教具等多种媒介创意表达童谣	3. 童谣的基础知识 ● 简述童谣的概念、基本特征及其对幼儿身心发展的重要价值 ● 举例说明童谣的种类以及各类童谣的特征与教育功能 ● 陈述不同年龄童谣的特点 4. 童谣赏读要求 ● 描述演绎童谣的基本要求 ● 列举培养幼儿对童谣产生兴趣的方法	
	3. 幼儿诗的分析与演绎 ● 能区分幼儿诗及其种类 ● 能分析幼儿诗的主题、童趣及其适合的年龄班 ● 能根据幼儿年龄及实际表现等,为幼儿选择合适的幼儿诗 ● 能通过语言及非语言手段生动形象地演绎幼儿诗 ● 能借助玩教具等多种媒介创意表达幼儿诗	5. 幼儿诗的基础知识 ● 简述幼儿诗的概念、基本特征及其对幼儿身心发展的重要价值 ● 举例说明幼儿诗的种类以及各类幼儿诗的特征与教育功能 ● 陈述不同年龄幼儿诗的特点 6. 幼儿诗赏读要求 ● 描述演绎幼儿诗的基本要求 ● 列举培养幼儿对幼儿诗产生兴趣的方法	

（续表）

学习主题	技能与学习要求	知识与学习要求	参考学时
3. 童话	童话的分析与演绎 ● 能区分童话及其种类 ● 能分析童话的主题、童趣及其适合的年龄班 ● 能根据幼儿年龄及实际表现等，为幼儿选择合适的童话 ● 能通过语言及非语言手段生动形象地演绎童话 ● 能借助玩教具等多种媒介创意表达童话	1. 童话的基础知识 ● 陈述童话的概念 ● 举例说明童话的种类以及各类童话的特征 ● 说明童话对幼儿身心发展的重要价值 ● 列举著名童话作者及其经典童话作品 ● 简述不同年龄童话的特点 2. 童话赏读要求 ● 描述演绎童话的基本要求 ● 列举培养幼儿对童话产生兴趣的方法	6
4. 幼儿故事与幼儿寓言	1. 幼儿故事的分析与演绎 ● 能区分幼儿故事及其种类 ● 能分析幼儿故事的主题、童趣及其适合的年龄班 ● 能根据幼儿年龄及实际表现等，为幼儿选择合适的幼儿故事 ● 能通过语言及非语言手段生动形象地演绎幼儿故事 ● 能借助玩教具等多种媒介创意表达幼儿故事	1. 幼儿故事的基础知识 ● 简述幼儿故事的概念及其与神话、传说、民间故事的关系 ● 举例说明幼儿故事的种类以及各类幼儿故事的基本特征 ● 说明幼儿故事对幼儿身心发展的重要价值 ● 简述不同年龄幼儿故事的特点 2. 幼儿故事赏读要求 ● 描述演绎幼儿故事的基本要求 ● 列举培养幼儿对故事产生兴趣的方法	8
	2. 幼儿寓言的分析与演绎 ● 能区分幼儿寓言与成人寓言 ● 能分析幼儿寓言的主题及其适合的年龄班 ● 能根据幼儿年龄及实际表现等，为幼儿选择合适的幼儿寓言 ● 能通过语言及非语言手段生动形象地演绎幼儿寓言 ● 能借助玩教具等多种媒介创意表达幼儿寓言	3. 幼儿寓言的基础知识 ● 陈述幼儿寓言的概念 ● 举例说明幼儿寓言的基本特征 ● 说明幼儿寓言对幼儿身心发展的重要价值 ● 简述不同年龄幼儿寓言的特点 4. 幼儿寓言赏读要求 ● 描述演绎幼儿寓言的基本要求 ● 列举培养幼儿对寓言产生兴趣的方法	

（续表）

学习主题	技能与学习要求	知识与学习要求	参考学时
5. 幼儿散文与幼儿科学文艺	1. 幼儿散文的分析与演绎 ● 能区分幼儿散文及其种类 ● 能分析幼儿散文的主题、童趣及其适合的年龄班 ● 能根据幼儿年龄及实际表现等，为幼儿选择合适的幼儿散文 ● 能通过语言及非语言手段生动形象地演绎幼儿散文 ● 能借助玩教具等多种媒介创意表达幼儿散文	1. 幼儿散文的基础知识 ● 简述幼儿散文的概念及其与散文、儿童散文的关系 ● 举例说明幼儿散文的种类以及各类幼儿散文的基本特征 ● 说明幼儿散文的艺术特征及其对幼儿身心发展的重要价值 ● 简述不同年龄幼儿散文的特点 2. 幼儿散文赏读要求 ● 描述演绎幼儿散文的基本要求 ● 列举培养幼儿对散文产生兴趣的方法	8
	2. 幼儿科学文艺的分析与演绎 ● 能区分幼儿科学文艺作品及其种类 ● 能分析幼儿科学文艺作品的主题、童趣及其适合的年龄班 ● 能根据幼儿年龄及实际表现等，为幼儿选择合适的幼儿科学文艺作品 ● 能通过语言及非语言手段生动形象地演绎幼儿科学文艺作品 ● 能借助玩教具等多种媒介创意表达幼儿科学文艺作品	3. 幼儿科学文艺的基础知识 ● 陈述幼儿科学文艺的概念 ● 举例说明幼儿科学文艺作品的种类以及各类幼儿科学文艺作品的基本特征 ● 说明幼儿科学文艺作品对幼儿身心发展的重要价值 ● 简述不同年龄幼儿科学文艺作品的特点 4. 幼儿科学文艺作品赏读要求 ● 描述演绎幼儿科学文艺作品的基本要求 ● 列举培养幼儿对科学文艺作品产生兴趣的方法	
6. 幼儿图画书	幼儿图画书的分析与演绎 ● 能区分幼儿图画书与儿童图画书 ● 能分析幼儿图画书的主题、童趣及其适合的年龄班 ● 能根据幼儿年龄及实际表现等，为幼儿选择合适的幼儿图画书 ● 能通过语言及非语言手段生动形象地演绎幼儿图画书 ● 能借助玩教具等多种媒介创意表达幼儿图画书	1. 幼儿图画书的基础知识 ● 陈述幼儿图画书及其结构 ● 举例说明幼儿图画书的艺术特征 ● 说明幼儿图画书对幼儿身心发展的重要价值 ● 简述不同年龄幼儿图画书的特点 ● 列举著名幼儿图画书作者及其经典图画书 2. 幼儿图画书赏读要求 ● 描述演绎幼儿图画书的基本要求 ● 列举培养幼儿对图画书产生兴趣的方法	6

（续表）

学习主题	技能与学习要求	知识与学习要求	参考学时
7. 幼儿戏剧及幼儿影视文学	1. 幼儿戏剧的分析与演绎 ● 能区分幼儿戏剧与儿童戏剧 ● 能分析幼儿戏剧的主题、童趣及其适合的年龄班 ● 能根据幼儿年龄及实际表现等，为幼儿选择合适的幼儿戏剧 ● 能通过语言及非语言手段生动形象地演绎幼儿戏剧 ● 能借助玩教具等多种媒介创意表达幼儿戏剧	1. 幼儿戏剧的基础知识 ● 陈述幼儿戏剧的概念 ● 举例说明幼儿戏剧的基本特征 ● 说明幼儿戏剧对幼儿身心发展的重要价值 ● 简述不同年龄幼儿戏剧的特点 2. 幼儿戏剧赏读要求 ● 描述演绎幼儿戏剧的基本要求 ● 列举培养幼儿对戏剧产生兴趣的方法	8
	2. 幼儿影视文学的分析与演绎 ● 能区分幼儿影视文学与其他影视文学 ● 能分析幼儿影视文学作品的主题、童趣及其适合的年龄班 ● 能根据幼儿年龄及实际表现等，为幼儿选择合适的幼儿影视文学作品 ● 能通过语言及非语言手段生动形象地演绎幼儿影视文学作品片段 ● 能借助玩教具等多种媒介创意表达幼儿影视文学作品片段	3. 幼儿影视文学的基础知识 ● 陈述幼儿影视文学的概念 ● 举例说明幼儿影视文学作品的种类以及各类幼儿影视文学作品的基本特征 ● 说明幼儿影视文学作品对幼儿身心发展的重要价值 ● 简述不同年龄幼儿影视文学作品的特点 ● 列举著名影视文学作者（导演）及其经典影视文学作品 4. 幼儿影视文学作品赏读要求 ● 描述演绎幼儿影视文学作品的基本要求 ● 列举培养幼儿对影视文学作品产生兴趣的方法	
总学时			54

五、实施建议

（一）教材编写与选用建议

1. 应依据本课程标准编写教材或选用教材，从国家和市级教育行政部门发布的教材目录中选用教材，优先选用国家和市级规划教材。

2. 教材要充分体现育人功能，紧密结合教材内容、素材，有机融入课程思政要求，将课程思政内容与专业知识、技能有机统一。

3. 树立以学生为中心的教材观，教材的结构和内容应符合中职学生认知特点与学习规律。

4. 教材应按照 7 个学习主题内容,将幼儿文学基础知识、作品赏析、作品演绎及职业素养培育融为一体,将上海市保育师(五级、四级)职业技能鉴定考核的考证内容与要求融入教材。同时强化幼儿文学课程与幼儿园保教实际的有机融合,提升学生幼儿文学方面的实际应用能力。

5. 教材的编排应科学合理、梯度明晰、图文并茂、生动形象,加深学生对幼儿文学的认知。文字表达必须精练易懂、准确科学、突出重点。

6. 教材内容应体现实用性、先进性、前瞻性,将幼儿文学发展的新趋势、新理念、新知识、新作品及时纳入其中。

7. 鼓励园校合作开发教材,教材呈现形式多样化,倡导开发新形态融媒体教材,并配套开发信息化资源或数字教材。

(二)教学实施建议

1. 切实推进课程思政建设,遵循"守正创新"的传承与发展理念,寓文化自信、家国情怀、职业道德教育、职业情感教育、职业精神教育、审美教育等于教育教学全过程,帮助学生树立职业理想,同时塑造正确的世界观、人生观、价值观。要深入梳理教学内容,结合课程特点,深入挖掘课程思政元素,有机融入课程教学,达到润物无声的育人效果。

2. 教学实施要基于本课程标准,结合学前教育行业的变化和学生实际及时优化与调整。

3. 本课程教学的关键是实践。在教学过程中,教师示范和学生训练交叉进行。教师示范应基于学生问题,学生训练要留出充足的时间,在"发现问题—解决问题"的过程中完成教与学的互动,加深学生对幼儿文学的认识,提高学生的自主学习能力。

4. 在教学过程中,创设幼儿文学的学习情境,从学习任务着手,整合相关幼儿文学欣赏知识、作品演绎技能的学习,引导学生学会学习、学会表达、学会创新,并思考"如何演绎更生动,如何演绎更有效",精益求精,不断进步。同时有机融入上海市保育师(五级、四级)职业技能鉴定考核相关要求,加强考证相关项目的学习,提高学生的职业适应能力。

5. 在教学过程中,多运用计算机网络及工具书、参考资料,帮助学生拓宽视野,顺利完成自学任务;多运用图片、视频和演示等教学资源辅助教学,帮助学生加深对幼儿文学作品的理解。

6. 积极引导学生强化尊重幼儿身心发展规律的理念,同时注意培养学生良好的职业习惯,使他们增强责任意识、审美意识、效率意识等,丰富职业情感,提高职业道德水平。

7. 工学结合,组织学生到幼儿园见习 1—2 周,在职业现场进行学习,以加深学生对课程内容的理解,提升教学质量。

(三)教学评价建议

1. 要以本课程标准为依据,开展基于标准的教学评价。

2. 以评促教、以评促学,通过课堂教学及时评价,不断改进教学方法与手段。

3. 教学评价始终坚持德技并重的原则,构建德技融合的专业课教学评价体系,把德育和职业素养的评价内容与要求细化为具体的评价指标,有机融入专业知识与技能的评价指标体系,形成可观察可测量的评价量表,综合评价学生学习情况。通过有效评价,在日常教学中不断促进学生思想品德和职业素养的形成。

4. 注重日常教学中对学生学习过程的评价。充分利用多种过程性评价工具,如评价表、记录袋等,积累过程性评价数据,形成过程性评价与终结性评价相结合的评价模式。

5. 教学评价的主体可以多元化,采取教师评价、学生自评和互评相结合的方式。

6. 要体现课程在评价上的特殊性,应注重对学生在实践中分析问题、解决问题能力的考核,对学习和应用上有创新的学生应给予特别鼓励,综合评价学生能力。

(四)资源利用建议

1. 就近优质托幼机构的环境、幼儿和保教人员都是本课程重要的教育资源,应密切与学校附近优质托幼机构的关系,共享教育资源,充分发挥其作用。

2. 根据本课程标准内容与要求及信息化教学需要,不断完善幼儿文学教学条件,除传统的语音实训场地设备外,还需要建设课程教学交流平台、互动教学平台、录播回放系统、远程教学系统等。

3. 园校合作收集或拍摄与幼儿文学相关的高质量视频、照片,开发数字化教学软件;园校合作研制高质量的多媒体教学课件、微课、习题库等,不断丰富幼儿文学多媒体教学资源库,创设优质高效的教学环境,激发学生的学习兴趣,满足线上线下混合式教学需要,提高教学效益。

美术课程标准

▌课程名称

美术

▌适用专业

中等职业学校幼儿保育专业

一、课程性质

本课程是中等职业学校幼儿保育专业的一门专业限定选修课程,也是一门专业拓展课程。其功能是使学生掌握简笔画及手工制作的基本知识与基本应用技能,具备对幼儿美术的审美情趣与基本欣赏能力,以及辅助教师进行幼儿园环境创设、玩教具制作、幼儿美术个别化辅导等的基本职业能力。本课程可为幼儿文学、幼儿园教育活动保育、托班幼儿早期发展支持等专业课程的学习奠定基础。

二、设计思路

本课程遵循由易到难、理实一体的原则,根据中职幼儿保育专业的工作任务与职业能力分析结果,以"幼儿园教育活动辅助""托班幼儿早期发展支持"等工作领域的相关工作任务和职业能力所需的美术知识技能要求为依据而设置。

课程内容紧紧围绕"幼儿园教育活动辅助""托班幼儿早期发展支持"等工作领域相关职业能力培养的需要,选取了简笔画、手工、玩教具制作等内容,遵循适度够用的原则,确定相关理论知识、专业技能与要求,并融入《保育员国家职业技能标准(2019 年版)》、上海市保育师(五级、四级)职业技能鉴定考核,以及《保育师国家职业技能标准(2021 年版)》的相关要求。

课程内容组织按照职业能力发展规律和学生认知规律,以幼儿园教育活动辅助、托班幼儿早期发展支持等工作所需的幼儿美术知识技能为线索,按照由基础到应用、由单向训练到综合训练的逻辑排序,设有美术基础认知、简笔画绘制、纸工制作、泥工制作、幼儿园玩教具制作、塑料结构拼搭 6 个学习主题,以主题整合相关知识、技能与职业素养。

本课程建议课时为 126 学时。

三、课程目标

通过本课程的学习,学生初步具备美术作品欣赏及构图、色彩、造型等基本知识,掌握简笔画绘制、纸工制作、泥工制作、幼儿园玩教具制作、塑料结构拼搭等基本技能,并达到《保育员国家职业技能标准(2019年版)》四级和上海市保育师(四级)职业技能鉴定考核的相关要求,具体达成以下职业素养和职业能力目标。

(一)职业素养目标

- 欣赏中国艺术家的经典作品及中国传统工艺,感受中华民族美术作品的文化内涵、艺术精髓以及与社会发展的相互关系,坚定文化自信,增强传承与弘扬中国美术优秀传统的责任感与使命感。

- 懂得美术对幼儿身心发展的独特价值,热爱美术,积极参与美术学习活动,不断提升美术技能与修养。

- 深刻理解美术与社会生活、自然界及与幼儿身心发展的关系,感受美术作品真善美的魅力,具备发现、感知、欣赏美术作品美的意识。

- 深入研赏美术作品,精心制作美术作品,专注刻苦,有耐心、有毅力,精益求精,勇于创新。

(二)职业能力目标

- 能借助文献资料介绍部分中国经典美术作品与传统工艺的艺术特色、思想情感与文化价值。

- 能初步分析幼儿美术作品的年龄特点、思想情感及童真童趣。

- 能以简笔画的基本技法,形象地画出常见的蔬菜、水果、花草树、生活用品及小动物、人物等基本造型,构图合理,造型形象,色彩协调,符合幼儿艺术审美水平。

- 能以纸工、泥工、塑料结构拼搭等基本技法与常用表现手法,制作常见的生活用品、水果、糕点、动物、玩具等,造型形象,制作精致,装饰美观,符合幼儿艺术审美水平。

- 能根据幼儿年龄特点、幼儿教育活动目标与内容要求、幼儿游戏活动需要,充分挖掘手工材料的特性制作玩教具,并辅助幼儿园教师开展与幼儿美术相关的活动。

- 能通过小组合作,结合中国传统工艺,对生活与学习环境创设进行美术创意表达。

四、课程内容与要求

学习主题	技能与学习要求	知识与学习要求	参考学时
1. 美术基础认知	1. 幼儿园美术种类辨析 ● 能根据美术作品特征,辨析幼儿美术作品及其所属幼儿园美术种类 2. 美术作品基础欣赏 ● 能在中国优秀美术作品中找到点、线条、形状、色彩、肌理等造型元素,体会不同造型元素的美感特征 ● 能在中国优秀美术作品中找到造型元素按对称、重复、对比、变化、比例等形式进行排列组合的案例,并体会其不同的美感特征	1. 美术与幼儿园美术的内涵、应用场景与价值 ● 简述美术的内涵、基本特征 ● 说明幼儿园应用美术的场景及其对幼儿身心健康成长的价值 2. 幼儿园美术的种类及其特征 ● 列举幼儿园美术的种类及其特征 3. 基本美术语言 ● 描述点、线条、形状、色彩、肌理等造型元素及其美感特征 ● 举例说明造型元素不同的排列组合形式(对称、重复、对比、变化、比例等)及其不同的美感特征	4
2. 简笔画绘制	1. 简笔画欣赏 ● 能识别简笔画作品 ● 能结合优秀的简笔画作品,介绍简笔画单纯化、平面化、形象、色彩夸张的特点 ● 能在优秀的简笔画作品中找到表现形式、内容、方法、造型要素等特征,体会其美感 ● 能区分不同年龄幼儿的简笔画,体会特有的童趣 2. 简笔画线条造型 ● 能熟练运用不同线条类型绘制静态的植物、动物、人物、景物简笔画,构图合理,造型准确,线条圆滑 ● 能熟练运用不同线条类型绘制动态的动物、人物简笔画,构图合理,造型准确,线条圆滑	1. 简笔画的内涵、应用场景与价值 ● 简述简笔画的内涵、基本特征 ● 说明幼儿园应用简笔画的场景及其对幼儿身心发展的价值 2. 简笔画的表现形式、内容、方法 ● 举例说明简笔画的表现形式、内容、方法 3. 简笔画的造型方法、造型要素以及常用工具材料及其表现方法 ● 简要说明简笔画的造型要素、上色方法 ● 列举简笔画常用工具材料及其表现方法 4. 幼儿简笔画的年龄特征 ● 概述幼儿简笔画的年龄特征 5. 简笔画线条造型的类型、特点与基本要求 ● 举例说明简笔画线条造型的类型(单线式、廓线式、混合式)与特点 ● 列举简笔画线条造型的基本要求	36

学习主题	技能与学习要求	知识与学习要求	参考学时
2. 简笔画绘制	3. 简笔画点、线、面、体组合造型 ● 能熟练运用点、线、面、体组合的方法绘制静态的植物、动物、人物、景物简笔画，构图合理，造型准确，线条圆滑 ● 能熟练运用点、线、面组合的方法绘制动态的动物、人物简笔画，构图合理，造型准确，线条圆滑	6. 简笔画点、线、面、体组合造型方法、特点与要求 ● 列举简笔画的三种造型方法（概括法、夸张法、拟人法） ● 简述简笔画点、线、面、体四种造型要素的特点 ● 概述静物、植物、景物、动物、人物简笔画造型的基本要求	
	4. 简笔画上色 ● 能熟练运用不同上色方法与画法绘制静态的植物、动物、人物、景物简笔画，配色和谐，符合幼儿的审美喜好 ● 能在规定时间内，独立完成构图合理、造型准确、线条圆滑、色彩和谐的简笔画作品 ● 能配合幼儿教师教学要求绘制简笔画 ● 能将简笔画灵活运用到生活与学习环境创设中（如海报、贺卡等）	7. 简笔画的配色原则与幼儿美术作品的配色特点 ● 简述常规配色原则与幼儿美术作品配色特点 8. 简笔画的上色工具、上色方法与上色画法 ● 介绍简笔画的常用上色工具 ● 举例说明简笔画的上色方法（平涂法、渐变法、混合法） ● 举例说明简笔画的上色画法（单线法、色块法、混合法）	
3. 纸工制作	1. 纸工欣赏 ● 能识别纸工作品 ● 能结合中国优秀纸工作品，介绍纸工的工艺特点 ● 能从优秀的纸工作品中分辨纸工的种类及其造型要素、艺术特点，体会其特有的美感 ● 能区分不同年龄的幼儿纸工作品，体会特有的童趣	1. 纸工的内涵、应用场景与价值 ● 简述纸工的内涵、基本特征 ● 说明幼儿园应用纸工的场景及其对幼儿身心发展的价值 2. 纸工的造型要素、艺术特点 ● 举例说明纸工的造型要素与艺术特点 3. 纸工的常见种类及其制作方法、用途、艺术特点 ● 举例说明纸工的常见种类及其制作方法、用途、艺术特点 4. 幼儿纸工的年龄特征 ● 概述幼儿纸工的年龄特征	32
	2. 制作折纸造型 ● 能在规定时间内，独立完成动物、日用品、交通工具等折纸造型，形象正确，折叠整齐，边角分明 ● 能根据折纸图独立折出各种物品	5. 折纸的折叠符号、表现种类 ● 熟记纸工折叠符号、图例 ● 描述平面折纸、组合折纸、立体折纸的区别 6. 折纸的表现形式、技能要求及其应用 ● 简述折纸的表现形式和技能要求	

(续表)

学习主题	技能与学习要求	知识与学习要求	参考学时
	● 能配合幼儿教师教学要求制作折纸玩教具 ● 能将折纸艺术灵活运用到生活与学习环境创设中	● 举例说明折纸作品在幼儿园教学及环境创设中的应用	
3. 纸工制作	3. 制作平面纸工造型 ● 能制作基本的平面纸工造型 ● 能配合教师教学要求制作平面纸工玩教具 ● 能将平面纸工造型艺术灵活运用到生活与学习环境创设中	7. 平面纸工造型分类及应用 ● 陈述平面纸工类别(剪纸、撕纸、染纸) ● 举例说明平面纸工作品在幼儿园玩教具制作及环境创设中的应用	
	4. 制作立体纸工造型 ● 能制作基本的立体纸工造型 ● 能配合教师教学要求制作立体纸工玩教具 ● 能将立体纸工造型艺术灵活运用到生活与学习环境创设中	8. 立体纸工造型分类及应用 ● 陈述立体纸工类别(折纸、衍纸、纸雕塑、纸花) ● 举例说明立体纸工作品在幼儿园玩教具制作与环境创设中的应用	
4. 泥工制作	1. 泥工欣赏 ● 能结合中国优秀泥工作品,介绍泥工的工艺特点 ● 能识别泥工作品及其种类 ● 能从优秀的泥工作品中赏析泥工的造型要素、艺术特点,体会其特有的美感 ● 能区分不同年龄幼儿的泥工作品,体会特有的童趣	1. 泥工的内涵、应用场景与价值 ● 简述泥工的内涵、基本特征 ● 说明幼儿园应用泥工的场景及其对幼儿身心发展的价值 2. 泥工的造型要素、色彩要求与艺术特点 ● 举例说明泥工的造型要素、色彩要求与艺术特点 3. 泥工的常见种类及其制作方法、用途、艺术特点 ● 举例说明泥工的常见种类(浮雕造型、圆雕造型)及其基本技法、用途、艺术特点 4. 幼儿泥工的年龄特征 ● 概述幼儿泥工的年龄特征	18
	2. 制作泥工浮雕造型 ● 能运用浮雕造型法,制作托幼机构常用动物、植物、日用品、交通工具、装饰用品等,表面光滑,造型正确,色彩和谐,富有童趣 ● 能配合教师教学要求制作泥工浮雕造型泥工玩教具 ● 能将泥工浮雕造型艺术灵活运用到生活与学习环境创设中	5. 泥工浮雕的基本技法、常用工具材料及造型特征与色彩要求 ● 举例说明泥工浮雕的基本技法、常用工具材料 ● 简述泥工浮雕的基本造型特征及色彩要求 6. 泥工浮雕造型步骤、要求及其应用 ● 概述泥工浮雕造型的步骤及要求 ● 举例说明泥工浮雕造型在幼儿园玩教具制作与环境创设中的应用	

学习主题	技能与学习要求	知识与学习要求	参考学时
4. 泥工制作	3. 制作泥工圆雕造型 ● 能运用整体成形法,制作常见的动物、水果、糕点等 ● 能运用分组造型法,制作常见的动物、人物、生活用品等 ● 能在规定时间内,独立完成造型正确、表面光洁、比例协调、色彩和谐的水果、动物、糕点、日用品等造型 ● 能配合教师教学要求制作泥工圆雕造型玩教具 ● 能将泥工圆雕造型艺术灵活运用到生活与学习环境创设中	7. 泥工圆雕的基本技法、常用工具材料及造型特征与色彩要求 ● 列举泥工圆雕的基本技法、常用工具材料 ● 举例说明泥工圆雕的基本造型特征及色彩要求 8. 泥工圆雕造型步骤、要求及其应用 ● 简述泥工圆雕造型的步骤及要求 ● 举例说明泥工圆雕造型在幼儿园玩教具制作与环境创设中的应用	
5. 幼儿园玩教具制作	1. 幼儿园玩教具欣赏 ● 能识别玩教具的种类、功能 ● 能从优秀的玩教具作品中赏析玩教具的构思及其造型要素、艺术特点,体会其巧思、用途与特有的美感 ● 能根据教师教学要求、借鉴中国传统工艺的使用材料、用途和工艺特点,制作幼儿园玩教具 ● 能区分适合不同年龄幼儿的玩教具,体会特有的童趣	1. 幼儿园玩教具的内涵、应用场景与价值 ● 简述玩教具的内涵、功能、基本特征 ● 说明幼儿园应用玩教具的场景及其对幼儿身心发展的价值 2. 玩教具的种类、用途及构思特点 ● 陈述玩教具的种类、用途及构思特点 ● 举例说明各类玩教具的制作方法、用途、构思特点等 3. 幼儿园玩教具的年龄特征 ● 概述幼儿园玩教具的年龄特征	28
	2. 纸艺玩具制作 ● 能运用折、撕、叉、剪、粘、卷、皱、染、镂空等方法制作纸艺玩具 ● 能制作或选择合适的纸艺玩具作品,配合教师进行教学或班级环境创设	4 纸艺玩具的制作技法、表现形式与应用 ● 概述纸艺玩具制作的基本技法(折、撕、叉、剪、粘、卷、皱、染、镂空等) ● 说明纸艺玩具的表现形式 ● 举例说明纸艺玩具在幼儿园中的应用	
	3. 布艺玩具制作 ● 能运用缝、编、绣、剪、织等方法制作布艺玩具 ● 能制作或选择合适的布艺玩具作品,配合教师进行教学或班级环境创设	5. 布艺玩具的制作技法、表现形式与应用 ● 概述布艺玩具制作的基本技法(缝、编、绣、剪、织等) ● 说明布艺玩具的表现形式 ● 举例说明布艺玩具在幼儿园中的应用	

（续表）

学习主题	技能与学习要求	知识与学习要求	参考学时
5. 幼儿园玩教具制作	4. 瓶、罐、盒类玩具制作 ● 能运用粘、剪、叉、贴、卷、折等方法制作瓶、罐、盒类玩具 ● 能制作或选择合适的瓶、罐、盒类玩具作品，配合教师进行教学或班级环境创设	6. 瓶、罐、盒类玩具的制作技法、表现形式、构思方法与应用 ● 概述瓶、罐、盒类玩具制作的基本技法（粘、剪、叉、贴、卷、折等） ● 列举瓶、罐、盒类玩具的表现形式与构思方法 ● 举例说明瓶、罐、盒类玩具在幼儿园中的应用	
	5. 综合利用废旧材料制作玩具 ● 能根据材料的特质，综合运用各种技能方法，在规定时间内，独立设计制作出构思新颖、形象生动、玩教结合、一物多用的玩具 ● 能根据教师要求，制作与活动主题适宜的玩具材料，形象美观，色彩协调，符合幼儿年龄特点	7. 用作自制玩具的废旧材料来源及其类型 ● 列举废旧材料的材质分类（纸类、蔬菜种子、植物、瓶罐类、布类、橡胶、塑料、动物、线等） ● 列举在生活环境中可以因地制宜、就地取材的玩具材料 8. 不同年龄班适合的自制玩具及其功能 ● 简述自制玩具适合的年龄段及其功能	
6. 塑料结构拼搭	1. 塑料低结构材料拼搭造型欣赏 ● 能识别塑料结构拼搭材料及其作品 ● 能分辨塑料拼搭材料的种类及其造型特点、用途，体会特有的功能与美感 ● 能区分不同年龄幼儿适宜的塑料拼搭材料及其拼搭作品，体会特有的童趣	1. 塑料低结构玩具的内涵、种类、应用场景与价值 ● 简述塑料低结构玩具的内涵、基本特征 ● 举例说明塑料结构拼搭的分类（雪花片结构拼搭、插塑结构拼搭、胶粒结构拼搭等） ● 说明幼儿园应用塑料结构拼搭的场景及其对幼儿身心发展的价值 2. 塑料低结构玩具的造型要素与艺术特点 ● 说明塑料结构拼搭的造型要素及艺术特点 3. 幼儿进行塑料低结构玩具拼搭的年龄特征 ● 概述幼儿塑料结构拼搭的年龄特征	8
	2. 雪花片结构拼搭 ● 能在规定时间内，独立拼搭出形象正确、色彩美观，具有玩具和教具功能的塑料结构造型（孔雀、花篮、凉亭、蝴蝶、自行车等） ● 能配合教师教学要求拼搭雪花片玩教具，进行班级环境创设等	4. 雪花片拼搭的方法及应用 ● 说出雪花片的基本拼搭方式（扇形、圆形、三角形、球体、方体等） ● 解释雪花片的可塑性、可变性 ● 举例说明雪花片结构材料在幼儿园游戏活动及环境创设中的应用	

（续表）

学习主题	技能与学习要求	知识与学习要求	参考学时
6. 塑料结构拼搭	3. 插塑、胶粒结构拼搭 ● 能在规定时间内，独立插接出形象正确、色彩美观，具有玩具和教具功能的塑料结构造型 ● 能配合教师教学要求，运用插塑、胶粒结构材料拼搭玩教具，进行班级环境创设等	5. 插塑、胶粒结构拼搭的方法及应用 ● 说明插塑、胶粒结构游戏材料的可塑性、可变性，简述其拼搭方式 ● 举例说明插塑、胶粒结构材料在幼儿园游戏活动及环境创设中的应用	
总学时			126

五、实施建议

（一）教材编写与选用建议

1. 应依据本课程标准编写教材或选用教材，从国家和市级教育行政部门发布的教材目录中选用教材，优先选用国家和市级规划教材。

2. 教材要充分体现育人功能，紧密结合教材内容、素材，有机融入课程思政要求，将课程思政内容与专业知识、技能有机统一。

3. 树立以学生为中心的教材观，教材结构和内容应符合中职学生认知特点与学习规律。

4. 教材应按照 6 个学习主题内容，将幼儿美术欣赏、美术基础知识、美术技能训练及职业素养培育融为一体，将上海市保育师（五级、四级）职业技能鉴定考核的考证内容与要求融入教材。同时强化美术课程与幼儿园保教实际的有机融合，提升学生美术方面的实际应用能力。

5. 教材的编排应科学合理、梯度明晰、图文并茂、生动形象，加深学生对幼儿美术技能和相关理论知识的认知。文字表达必须精练易懂、准确科学、突出重点。

6. 教材内容应体现实用性、先进性、前瞻性，将学前儿童美术方面的发展趋势及新知识、新方法及时纳入其中。

7. 鼓励园校合作开发教材，教材呈现形式多样化，倡导开发新形态融媒体教材，并配套开发信息化资源或数字教材。

（二）教学实施建议

1. 切实推进课程思政建设，遵循"守正创新"的传承与发展理念，寓文化自信、家国情怀、职业道德教育、职业情感教育、职业精神教育、劳动教育等于教育教学全过程,帮助学生树立职业理想,同时塑造正确的世界观、人生观、价值观。要深入梳理教学内容,结合课程特点,深入挖掘课程思政元素,有机融入课程教学,达到润物无声的育人效果。

2. 教学实施要基于本课程标准,结合学前教育行业的变化和学生实际及时优化与调整。

3. 本课程教学的关键是实践。在教学过程中,教师示范和学生训练交叉进行。教师示范应基于学生问题,学生训练要留出充足的时间,在"发现问题—解决问题"的过程中完成教与学的互动,加深学生对幼儿美术的认识,提高学生的自主学习能力。

4. 在教学过程中,创设幼儿美术的学习情境,从学习任务着手,整合相关幼儿美术欣赏知识、创作知识与创作技能的学习,引导学生学会学习、学会制作、学会创新,并思考"如何绘画、制作更生动,如何绘画、制作更有效",精益求精,不断进步。同时有机融入上海市保育师(五级、四级)职业技能鉴定考核相关要求,加强考证相关项目的学习,提高学生的职业适应能力。

5. 在教学过程中,多运用计算机网络及工具书、参考资料,帮助学生拓宽视野,顺利完成自学任务;多运用图片、视频和演示等教学资源辅助教学,帮助学生加深对幼儿美术要求的理解。

6. 积极引导学生强化尊重幼儿身心发展规律的理念,同时注意培养学生良好的职业习惯,使他们增强责任意识、安全意识、劳动意识、效率意识、环保意识、审美意识等,丰富职业情感,提高职业道德水平。

7. 工学结合,组织学生到幼儿园见习1—2周,在职业现场进行学习,以加深学生对课程内容的理解,提升教学质量。

(三) 教学评价建议

1. 要以本课程标准为依据,开展基于标准的教学评价。

2. 以评促教、以评促学,通过课堂教学及时评价,不断改进教学方法与手段。

3. 教学评价始终坚持德技并重的原则,构建德技融合的专业课教学评价体系,把德育和职业素养的评价内容与要求细化为具体的评价指标,有机融入专业知识与技能的评价指标体系,形成可观察可测量的评价量表,综合评价学生学习情况。通过有效评价,在日常教学中不断促进学生思想品德和职业素养的形成。

4. 注重日常教学中对学生学习过程的评价。充分利用多种过程性评价工具,如评价表、记录袋等,积累过程性评价数据,形成过程性评价与终结性评价相结合的评价模式。

5. 教学评价的主体可以多元化,采取教师评价、学生自评和互评相结合的方式。

6. 要体现课程在评价上的特殊性,应注重对学生在实践中分析问题、解决问题能力的考核,对学习和应用上有创新的学生应给予特别鼓励,综合评价学生能力。

(四) 资源利用建议

1. 就近优质托幼机构的环境、幼儿和保教人员都是本课程重要的教育资源,应密切与学校附近优质托幼机构的关系,共享教育资源,充分发挥其作用。

2. 根据本课程标准内容与要求及信息化教学需要,不断完善美术教学条件,除传统的美术实训场地设备外,还需要建设课程教学交流平台、互动教学平台、录播回放系统、远程教学系统等。

3. 园校合作收集或拍摄与幼儿美术相关的高质量视频、照片,开发数字化教学软件;园校合作研制高质量的多媒体教学课件、微课、习题库等,不断丰富幼儿美术多媒体教学资源库,创设优质高效的教学环境,激发学生的学习兴趣,满足线上线下混合式教学需要,提高教学效益。

音乐课程标准

▌课程名称

音乐

▌适用专业

中等职业学校幼儿保育专业

一、课程性质

本课程是中等职业学校幼儿保育专业的一门专业限定选修课程,也是一门专业拓展课程。其功能是使学生掌握幼儿音乐欣赏与表现的基本知识与技能,具备对幼儿音乐的审美情趣与初步的艺术欣赏能力,以及辅助教师开展教育活动的基本职业能力。本课程可为幼儿园教育活动保育、托班幼儿早期发展支持等专业课程的学习奠定基础。

二、设计思路

本课程遵循由易到难、理实一体的原则,根据中职幼儿保育专业的工作任务与职业能力分析结果,以"幼儿园教育活动辅助""托班幼儿早期发展支持"等工作领域的相关工作任务和职业能力所需的音乐知识技能要求为依据而设置。

课程内容紧紧围绕"幼儿园教育活动辅助""托班幼儿早期发展支持"等工作领域相关职业能力培养的需要,选取了音乐基础知识、音乐欣赏、音乐表现(演唱、键盘弹奏、边弹边唱)等内容,遵循适度够用的原则,确定相关理论知识、专业技能与要求,并融入《保育员国家职业技能标准(2019 年版)》、上海市保育师(五级、四级)职业技能鉴定考核,以及《保育师国家职业技能标准(2021 年版)》的相关要求。

课程内容组织按照职业能力发展规律和学生认知规律,以幼儿园教育活动辅助、托班幼儿早期发展支持等工作所需的幼儿音乐知识技能为线索,按照由基础到应用、由单向训练到综合训练的逻辑排序,设有识谱、歌唱、键盘弹奏、边弹边唱 4 个学习主题,以主题整合相关知识、技能与职业素养。

本课程建议课时为 108 学时。

三、课程目标

通过本课程的学习,学生初步具备音乐欣赏、基础乐理、声乐、键盘弹奏等基本知识,掌握幼儿音乐赏析、幼儿歌曲歌唱、幼儿音乐键盘弹奏及幼儿歌曲边弹边唱的基本技能,并达到《保育员国家职业技能标准(2019 年版)》四级和上海市保育师(四级)职业技能鉴定考核的相关要求,具体达成以下职业素养和职业能力目标。

(一) 职业素养目标

- 热爱中国音乐,领会中国各类音乐作品的特质及其与幼儿音乐之间的关系,从中汲取民族文化智慧,强化国家认同感、归属感,坚定文化自信,增强传承中国音乐文化传统的使命感。

- 感知、体验、理解音乐的感性特征和审美特质,认同音乐对幼儿身心发展的独特价值,热爱音乐,积极参与音乐学习活动。

- 理解音乐与其他学科及与幼儿生活、社会发展等方面的紧密联系和相互作用,感受音乐作品真善美的魅力,具备对幼儿园常用音乐作品的审美情趣与审美修养。

- 细心探究幼儿园常用音乐作品,力求正确表现音乐作品主题,专注刻苦,有耐心、有毅力,精益求精。

(二) 职业能力目标

- 能读懂音乐五线乐谱表及简谱表,识别常用的音乐表情记号,正确视唱各类幼儿歌曲。

- 能区分不同幼儿歌(乐)曲的风格特点,正确分析幼儿歌(乐)曲的题材、主题、童趣及适合的年龄班。

- 能自然、自信、富有表情地演唱各类幼儿歌曲,音准、节奏正确。

- 能以正确的坐姿、手形、指法,准确、流畅并有感情地弹奏大小调(两升两降以内)幼儿歌(乐)曲。

- 能根据幼儿歌曲的主题、风格,有感情地边弹边唱幼儿歌曲(简谱,旋律技法简洁,伴奏以正三和弦为主)。

- 能辅助幼儿园教师开展与幼儿音乐相关的教育教学活动。

四、课程内容与要求

学习主题	技能与学习要求	知识与学习要求	参考学时
1. 识谱	1. 基本音符的认知与视唱 ● 能在五线谱上正确书写全音符、二分音符、四分音符及休止符,并正确拍出相应节奏(含组合)	1. 五线谱表的组成及各部分含义 ● 陈述五线谱及线、间、谱号、谱表的含义 2. 音符的名称、含义(时值)及其相互关系 ● 陈述音名、唱名及半音与全音的关系 ● 描述基本音级、音级结构及音的分组	4

（续表）

学习主题	技能与学习要求	知识与学习要求	参考学时
1. 识谱	● 能在钢琴上找出不同音组的位置 ● 能在五线谱表上正确写出自然大调音阶，并正确视唱与划拍 2. 音乐性质与表现手段的辨识 ● 能在中国优秀音乐作品中辨识音乐高低、强弱、长短、音色的不同，体会不同的美感特征 ● 能分辨旋律、节奏、节拍等音乐要素，体会不同的美感特征	● 说明全音符、二分音符、四分音符及休止符的时值 3. 音乐的四种性质与表现手段 ● 概述音乐的四种性质（高低、强弱、长短、音色）及其与情感表达之间的关系 ● 举例说明音乐表现手段（或称要素）（旋律、节奏、节拍、调式等）与音乐形象之间的关系	
2. 歌唱	1. 幼儿音乐识别 ● 通过与成人音乐的比较，识别适用于幼儿的音乐 2. 辨识幼儿歌曲 ● 能结合不同经典幼儿歌曲的欣赏，正确辨识不同风格的幼儿歌曲 ● 能结合不同经典幼儿歌曲的欣赏，正确分析幼儿歌曲常用的主题与题材 ● 能结合不同经典幼儿歌曲的欣赏，辨识托、小、中、大班幼儿歌曲 3. 幼儿园常用 C 大调歌曲的演唱 ● 能结合不同经典幼儿歌曲的欣赏，正确分辨大调幼儿歌曲 ● 能结合不同经典幼儿歌曲的欣赏，分析 C 大调幼儿歌曲的题材、主题、风格、童趣及适合的年龄班 ● 能正确使用气息，自然、富有表情地演唱幼儿园常用 C 大调经典幼儿歌曲，吐字清晰，音准、节奏正确	1. 幼儿园常用音乐的特征、应用场景与价值 ● 简述幼儿园常用音乐的基本特征 ● 举例说明幼儿园应用音乐的场景及其对幼儿身心健康成长的价值 2. 幼儿园常用歌曲的要求与特点 ● 概述幼儿园歌曲的常见题材、常见风格、常见演唱形式及音乐形象 ● 简述托、小、中、大班幼儿歌曲的不同特点 3. 幼儿歌曲演唱基本要求 ● 简述演唱幼儿歌曲时姿势、呼吸、发声、共鸣、咬字吐字的基本要求 4. C 大调歌曲的艺术风格特点 ● 简述大调歌曲的基本艺术风格特点 5. 常见音乐表情记号的含义与作用 ● 说明常见音乐表情记号的含义及其对表达歌曲情感的作用 6. 常见音乐节拍、音符的含义（时值）与视唱要求 ● 说明 2/4、4/4、3/4、6/8 拍等的节奏韵律及弱起节拍的视唱要求 ● 陈述十六分音符、附点音符、切分音各音符的时值	32

（续表）

学习主题	技能与学习要求	知识与学习要求	参考学时
2. 歌唱	4. 幼儿园常用 F、G、D、ᵇB 大调歌曲的演唱 ● 通过欣赏经典大调幼儿歌曲，体会其情感特点，并分析 F、G、D、ᵇB 大调幼儿歌曲的题材、主题、风格、童趣及适合的年龄班 ● 能正确使用气息，自然、富有表情地演唱不同风格的 F、G、D、ᵇB 大调经典幼儿歌曲，吐字清晰，音准、节奏正确	7. F、G、D、ᵇB 大调音阶与和弦在键盘上的位置 ● 正确指出 F、G、D、ᵇB 大调音阶及其原位和弦在键盘上的位置	
	5. 幼儿园常用小调歌曲的演唱 ● 通过欣赏经典小调幼儿歌曲，体会其情感特点，并正确分辨小调幼儿歌曲 ● 能分析小调经典幼儿歌曲的题材、主题、风格、童趣及适合的年龄班 ● 能正确使用气息，自然、富有表情地演唱小调幼儿歌曲，吐字清晰，音准、节奏正确	8. 小调音阶与原位和弦在键盘上的位置 ● 正确指出小调音阶位置及其原位和弦在键盘上的位置 9. 小调歌曲的艺术风格特点 ● 简述小调幼儿歌曲的基本艺术风格特点	
3. 键盘弹奏	1. 幼儿园常用 C 大调歌（乐）曲的弹奏 ● 能正确、流畅地双手弹奏 C 大调幼儿歌（乐）曲旋律，准确表现表情记号及 2/4、4/4、3/4、6/8 拍的节奏韵律，并准确表现和声色彩与歌（乐）曲情感 ● 能双手熟练弹奏两个八度的 C 大调音阶与琶音	1. 键盘弹奏常识 ● 说出钢琴主要部位的名称及功能 ● 说明键盘弹奏手型及身体姿态的基本要求 ● 简述键盘弹奏指法种类及其配置注意事项 2. C 大调音阶及其原位和弦与转位和弦在键盘上的位置与情感特点 ● 正确指出 C 大调音阶及其原位和弦与转位和弦在键盘上的位置，并说明正三和弦的情感色彩特点 ● 简述柱式和弦、半分解和弦与全分解和弦的不同情感特点	54
	2. 幼儿园常用 F、G、D、ᵇB 大调歌（乐）曲的弹奏 ● 能正确、流畅地双手弹奏不同风格的幼儿园常用 F、G、D、ᵇB 大调歌（乐）曲旋律，并准确表	3. F、G、D、ᵇB 大调音阶及其原位和弦与转位和弦在键盘上的位置 ● 正确指出 F、G、D、ᵇB 大调音阶及其原位和弦与转位和弦在键盘上的位置	

学习主题	技能与学习要求	知识与学习要求	参考学时
3. 键盘弹奏	现和声色彩与歌（乐）曲情感 ● 能双手熟练弹奏两个八度的 F、G、D、♭B 大调音阶与琶音，并在 C 大调基础上移调弹奏		
	3. 幼儿常用小调歌（乐）曲的弹奏 ● 能正确、流畅地双手弹奏小调幼儿歌（乐）曲旋律，准确表现表情记号及 2/4、4/4、3/4、6/8 拍的节奏韵律，并准确表现和声色彩与歌（乐）曲情感 ● 能双手熟练弹奏两个八度的 a 小调音阶与琶音	4. 小调音阶及其原位和弦与转位和弦在键盘上的位置与情感特点 ● 正确指出小调音阶及其原位和弦与转位和弦在键盘上的位置，并说明正三和弦的情感色彩特点 ● 正确指出 a 小调音阶及其原位和弦与转位和弦在键盘上的位置	
4. 边弹边唱（简谱）	幼儿歌曲（简谱）边弹边唱 ● 能分析经典幼儿歌曲的调式、风格、题材、主题、童趣及适合的年龄班，并根据幼儿年龄特点与歌曲风格，清唱幼儿歌曲 ● 能双手边弹边唱一升一降以内大、小调幼儿歌曲（技法简洁，伴奏以正三和弦为主），自信、流畅，声音自然，富有童趣	简谱基本乐理常识 ● 陈述简谱的音符、时值、调性、常用表情记号、谱表等表示方法 ● 指认不同调性幼儿歌曲音符在键盘上的位置	18
总学时			108

五、实施建议

（一）教材编写与选用建议

1. 应依据本课程标准编写教材或选用教材，从国家和市级教育行政部门发布的教材目录中选用教材，优先选用国家和市级规划教材。

2. 教材要充分体现育人功能，紧密结合教学内容、素材，有机融入课程思政要求，将课程思政内容与专业知识、技能有机统一。

3. 树立以学生为中心的教材观，教材的结构和内容应符合中职学生认知特点与学习规律。

4. 教材应按照4个学习主题内容，将幼儿音乐欣赏、音乐基础知识、音乐技能训练及职业素养培育融为一体，将上海市保育师（五级、四级）职业技能鉴定考核的考证内容与要求融入教材。同时强化音乐课程与幼儿园保教实际的有机融合，提升学生音乐方面的实际应用能力。

5. 教材的编排应科学合理、梯度明晰、图文并茂、生动形象，加深学生对幼儿音乐欣赏、乐理与技能表现的认知。文字表达必须精练易懂、准确科学、突出重点。

6. 教材内容应体现实用性、先进性、前瞻性，将学前儿童音乐方面的发展趋势及新知识、新方法、新技能、新理念及时纳入其中。

7. 鼓励园校合作开发教材，教材呈现形式多样化，倡导开发新形态融媒体教材，并配套开发信息化资源或数字教材。

（二）教学实施建议

1. 切实推进课程思政建设，寓价值观引导、职业道德教育、职业情感教育、职业精神教育、劳动教育等于教育教学全过程，帮助学生树立职业理想，同时塑造正确的世界观、人生观、价值观。要深入梳理教学内容，结合课程特点，深入挖掘课程思政元素，有机融入课程教学，达到润物无声的育人效果。

2. 教学实施要基于本课程标准，结合学前教育行业的变化和学生实际及时优化与调整。

3. 本课程教学的关键是实践。在教学过程中，教师示范和学生训练交叉进行。教师示范应基于学生问题与学习水平，可采用分层教学法，并为学生留出充足的训练时间，在"发现问题—解决问题"的过程中完成教与学的互动；也可采用小组合作学习方式，引导学生互帮互助，提高自主学习能力和学习效率。

4. 在教学过程中，将乐理、视唱、练耳、歌唱与键盘弹奏等有机整合在一起，以提高教学效率。创设音乐的学习情境，从学习任务着手，以幼儿园常用歌曲整合相关音乐赏析、乐理知识、歌曲演唱与键盘弹奏的学习。同时有机融入上海市保育师（五级、四级）职业技能鉴定考核相关要求，加强考证相关项目的学习，提高学生的职业适应能力。

5. 在教学过程中，多运用计算机网络及工具书、参考资料，帮助学生拓宽视野，顺利完成自学任务；多运用图片、视频和数字软件等教学资源辅助教学，帮助学生加深对音乐理论与实践的理解。

6. 积极引导学生强化尊重幼儿身心发展规律的理念，同时注意培养学生良好的职业习惯，使他们增强责任意识、健康意识、效率意识、环保意识、审美意识等，丰富职业情感，提高职业道德水平。

7. 工学结合,组织学生到幼儿园见习 1—2 周,在职业现场进行学习,以加深学生对课程内容的理解,提升教学质量。

（三）教学评价建议

1. 要以本课程标准为依据,开展基于标准的教学评价。

2. 以评促教、以评促学,通过课堂教学及时评价,不断改进教学方法与手段。

3. 教学评价始终坚持德技并重的原则,构建德技融合的专业课教学评价体系,把德育和职业素养的评价内容与要求细化为具体的评价指标,有机融入专业知识与技能的评价指标体系,形成可观察可测量的评价量表,综合评价学生学习情况。通过有效评价,在日常教学中不断促进学生思想品德和职业素养的形成。

4. 注重日常教学中对学生学习过程的评价。充分利用多种过程性评价工具,如评价表、记录袋等,积累过程性评价数据,形成过程性评价与终结性评价相结合的评价模式。

5. 教学评价的主体可以多元化,采取教师评价、学生自评和互评相结合的方式。

6. 要体现课程在评价上的特殊性,应注重对学生在实践中分析问题、解决问题能力的考核,对学习和应用上有创新的学生应给予特别鼓励,综合评价学生能力。

（四）资源利用建议

1. 就近优质托幼机构的环境、幼儿和保教人员都是本课程重要的教育资源,应密切与学校附近优质托幼机构的关系,共享教育资源,充分发挥其作用。

2. 根据本课程标准内容与要求及信息化教学需要,不断完善音乐教学条件,如建设课程教学交流平台、互动教学平台、录播回放系统、远程教学系统等。

3. 园校合作收集或拍摄与幼儿音乐相关的高质量视频、照片,开发数字化教学软件;园校合作研制高质量的多媒体教学课件、微课、习题库等,不断丰富幼儿音乐多媒体教学资源库,创设优质高效的教学环境,激发学生的学习兴趣,满足线上线下混合式教学需要,提高教学效益。

舞蹈课程标准

▌课程名称

舞蹈

▌适用专业

中等职业学校幼儿保育专业

一、课程性质

本课程是中等职业学校幼儿保育专业的一门专业限定选修课程,也是一门专业拓展课程。其功能是使学生通过舞蹈艺术的审美欣赏与实践,塑造优雅的形体姿态,掌握幼儿舞蹈欣赏与表现的基本知识,具备一定的舞蹈肢体表现力与对幼儿舞蹈的审美情趣,以及辅助教师开展舞蹈相关活动的基本职业能力。本课程可为幼儿园教育活动保育、托班幼儿早期发展支持、幼儿文学等专业课程的学习奠定基础。

二、设计思路

本课程遵循由易到难、理实一体的原则,根据中职幼儿保育专业的工作任务与职业能力分析结果,以"幼儿园教育活动辅助""托班幼儿早期发展支持"等工作领域的相关工作任务和职业能力所需的舞蹈知识技能要求为依据而设置。

课程内容紧紧围绕"幼儿园教育活动辅助""托班幼儿早期发展支持"等工作领域相关职业能力培养的需要,选取了舞蹈基础知识、形体训练、舞蹈欣赏、幼儿舞蹈表演、民族舞蹈体验等内容,遵循适度够用的原则,确定相关理论知识、专业技能与要求,并融入《保育员国家职业技能标准(2019年版)》、上海市保育师(五级、四级)职业技能鉴定考核,以及《保育师国家职业技能标准(2021年版)》的相关要求。

课程内容组织按照职业能力发展规律和学生认知规律,以幼儿园教育活动辅助、托班幼儿早期发展支持等工作所需的幼儿舞蹈知识技能为线索,按照学生舞蹈技能形成的渐进过程及幼儿园常见舞蹈类型,设有舞蹈概述、形体姿态训练、幼儿舞蹈、幼儿民族舞蹈4个学习主题,以主题整合相关知识、技能与职业素养。

本课程建议课时为90学时。

三、课程目标

通过本课程的学习,学生具备幼儿舞蹈赏析与表现的基本知识,拥有优雅的形体姿态,掌握幼儿舞蹈与幼儿民族舞蹈赏析、幼儿舞蹈表演、辅助幼儿教师开展舞蹈相关教育活动的基本技能,并达到《保育员国家职业技能标准(2019 年版)》四级和上海市保育师(四级)职业技能鉴定考核的相关要求,具体达成以下职业素养和职业能力目标。

(一) 职业素养目标

- 领会中国民族舞蹈艺术与幼儿舞蹈之间的关系,较好地把握舞蹈的思想感情和内涵意蕴,理解舞蹈作品中蕴含的民族文化特色与审美特质,体悟民族精神、集体主义精神,坚定文化自信,增强国家认同感、集体归属感。

- 热爱舞蹈,领略不同舞蹈独特的艺术特点,认同舞蹈对自身及幼儿身心发展的独特价值,积极参与舞蹈学习活动,并在学习活动中不断强化团队合作意识,不断增强自信。

- 深刻理解舞蹈与社会生活、自然界及与幼儿身心发展的关系,感受舞蹈作品的文化内涵与真善美的魅力,喜欢欣赏舞蹈作品,具有健康丰富的舞蹈审美情趣。

- 深入研赏幼儿舞蹈作品,力求进行高质量的幼儿舞蹈训练与表演,专注刻苦,有耐心、有毅力,精益求精,勇于创新。

(二) 职业能力目标

- 能矫正不良形体姿态,保持良好体态,并提高身体的柔韧性、协调性与灵活性。

- 能识别所学幼儿律动种类与适合的年龄班,正确分析幼儿律动的特点、情趣,并富有童趣、富有美感地表演幼儿律动,身体协调灵活、动作流畅,有一定的伸展、收缩与控制力。

- 能识别所学幼儿舞蹈种类(歌表演、集体舞、游戏舞、表演舞)与适合的年龄班,正确分析各类幼儿舞蹈的特点、情趣,并富有童趣、富有美感地表演,同时能与他人合作进行队列变化和造型配合的表演与仿编。

- 能正确判断民族舞蹈种类(东北秧歌、维吾尔族舞、蒙古族舞、藏族舞),富有情感地表演不同种类的幼儿民族舞蹈,初步表现出各民族舞蹈的身体形态、基本律动特征及幼儿舞蹈特有的童趣。

- 能辅助幼儿园教师开展与幼儿舞蹈相关的教育教学活动。

四、课程内容与要求

学习主题	技能与学习要求	知识与学习要求	参考学时
1. 舞蹈概述	1. 舞蹈辨析 ● 能欣赏我国有代表性的各类舞蹈，根据舞蹈的功能、用途，辨别舞蹈的种类，体验其不同的审美特点 2. 舞台方位、舞蹈节奏与基本表情表现 ● 能向着不同的舞台方位，以身体动作表现不同的舞蹈节奏 ● 能通过面部表情的变化，表达喜、怒、哀、乐等情感	1. 舞蹈的内涵与种类 ● 陈述舞蹈的含义 ● 举例说明舞蹈的不同分类及不同舞蹈的功能 2. 舞蹈的基本要素及其重要作用 ● 陈述舞蹈的三要素(动作、节奏、表情)及其在舞蹈中的重要性 ● 介绍舞台方位 3. 学习舞蹈对自身及幼儿的意义 ● 简述舞蹈对自身专业发展的意义 ● 举例说明幼儿园应用舞蹈的场景及其对幼儿身心健康成长的价值	2
2. 形体姿态训练	1. 芭蕾基本形态训练 ● 通过欣赏经典芭蕾舞片段，找出芭蕾舞"开、绷、直、立、弧、长"的表现特征，并体会芭蕾舞的审美特征 ● 能以良好的姿态、规范的动作进行基本形态组合训练	1. 芭蕾训练的科学性及其意义 ● 说明芭蕾训练的科学性及其对保持良好形体姿态的重要作用 ● 简述芭蕾"开、绷、直、立、弧、长"的内涵及其意义	16
	2. 柔韧训练 ● 能以良好的姿态、规范的动作进行柔韧组合训练，并表现出身体柔韧性和协调性	2. 身体关节与韧带的构成 ● 陈述身体关节和韧带的构成 3. 身体柔韧训练的意义 ● 说明柔韧训练对保持良好形体姿态的重要作用	
	3. 力度训练 ● 能以良好的姿态、规范的动作进行跳跃等组合训练，并表现出舞蹈节奏感和身体协调性	4. 身体力度训练的意义 ● 说明力度训练对保持良好形体姿态与动作的重要作用 5. 跳跃动作的训练原理 ● 说明跳跃时膝盖的缓冲作用原理	
	4. 身韵训练 ● 能通过欣赏经典古典舞片段，找出古典舞"拧、倾、圆、曲"的身韵特点，并体会古典舞的审美特征 ● 能合理运用呼吸，以良好的姿态、规范的动作进行古典舞身韵组合训练	6. 中国古典舞的审美特征及作用 ● 概述中国古典舞的审美特征 ● 说明身韵在舞蹈表演中的重要性	

（续表）

学习 主题	技能与学习要求	知识与学习要求	参考 学时
3. 幼儿舞蹈	1. 幼儿舞蹈辨析 ● 通过欣赏经典幼儿舞蹈与成人舞蹈，识别幼儿舞蹈，并体验其动作特征	1. 幼儿舞蹈的内涵、特征、种类及其应用与作用 ● 简述幼儿舞蹈的含义与基本特征 ● 举例说明幼儿舞蹈的种类及其在幼儿园的应用场景与对幼儿身心发展的作用	36
	2. 幼儿律动的表演与分析 （1）动物类律动 ● 能以良好的姿态、规范的动作，富有童趣地表演动物类律动 ● 能根据动物类律动的动作特征，判断适合表演的年龄班（托、小、中、大班） （2）生活类律动 ● 能以良好的姿态、规范的动作，富有童趣地表演生活类律动 ● 能根据生活类律动的动作特征，判断适合表演的年龄班（托、小、中、大班）	2. 幼儿律动的内涵、种类及其应用与作用 ● 简述幼儿律动的含义、特点与种类 ● 举例说明律动在幼儿园的应用场景及其对幼儿身心发展的作用 （1）动物类律动的内涵、表演要求与各年龄班的特点 ● 简述幼儿动物类律动的含义、特点与作用 ● 简述动物类律动的表演要求 ● 举例说明不同年龄班（托、小、中、大班）幼儿动物类律动的特点 （2）生活类律动的内涵、表演要求与各年龄班的特点 ● 简述幼儿生活类律动的含义、特点与作用 ● 简述生活类律动的表演要求 ● 举例说明不同年龄班（托、小、中、大班）幼儿生活类律动的特点	
	3. 幼儿歌表演的表演与分析 ● 能以良好的姿态、规范的动作，富有童趣地表演歌表演 ● 能根据歌表演的音乐与动作特征，判断适合表演的年龄班	3. 幼儿歌表演的内涵、表演要求与各年龄班的特点 ● 简述幼儿歌表演的含义、特点与作用 ● 简述歌表演的表演要求 ● 举例说明不同年龄班幼儿歌表演的特点	
	4. 幼儿音乐游戏的表演与分析 ● 能以良好的姿态、规范的动作，富有童趣地表演音乐游戏 ● 能根据音乐游戏的难易程度，判断适合表演的年龄班	4. 幼儿音乐游戏的内涵、表演要求与各年龄班的特点 ● 简述幼儿音乐游戏的含义、特点与作用 ● 简述音乐游戏的表演要求 ● 举例说明不同年龄班幼儿音乐游戏的特点	
	5. 幼儿集体舞的表演与分析 ● 能以良好的姿态、规范的动作，整齐而富有童趣地表演幼儿集体舞 ● 能根据集体舞的动作特征与队形变化，判断适合表演的年龄班	5. 幼儿集体舞的内涵、种类、表演要求与各年龄班的特点 ● 简述幼儿集体舞的含义、特点与作用 ● 简述集体舞的种类与表演要求 ● 举例说明不同年龄班幼儿集体舞的特点	

学习主题	技能与学习要求	知识与学习要求	参考学时
3. 幼儿舞蹈	6. 幼儿表演舞的表演与分析 ● 能以良好的姿态、规范的动作，富有童趣地表演幼儿表演舞 ● 能根据表演舞的动作特征与队形变化，判断适合表演的年龄班	6. 幼儿表演舞的内涵、种类、表演要求与各年龄班的特点 ● 简述幼儿表演舞的含义、特点与作用 ● 列举幼儿表演舞的表现类型 ● 简述表演舞的表演要求 ● 举例说明不同年龄班幼儿表演舞的特点	
4. 幼儿民族舞蹈	1. 民族舞蹈辨析 ● 能欣赏我国有代表性的各民族经典舞蹈，根据舞蹈的特征，判断民族舞蹈的种类，并体验其基本身韵特征	1. 民族舞蹈的内涵、特征、种类及其应用 ● 陈述民族舞蹈的含义与基本特征 ● 举例说明常见民族舞蹈的种类及其在幼儿园的应用场景	36
	2. 东北秧歌组合的表演 ● 能完整表演东北秧歌组合，并初步表现出东北秧歌"艮、俏、浪"的风格特点 ● 能富有童趣地表演幼儿东北秧歌	2. 东北秧歌的发展历史、分类、韵律特点及其与民俗文化的关系 ● 简述东北秧歌的发展历史及分类 ● 说明东北秧歌"艮、俏、浪"的韵律特点及其与民俗文化的关系	
	3. 维吾尔族舞蹈组合的表演 ● 能完整表演维吾尔族舞蹈组合，并初步表现出维吾尔族舞蹈的体态和律动特点 ● 能富有童趣地表演幼儿维吾尔族舞蹈	3. 维吾尔族舞蹈的发展历史、分类、韵律特点及其与民俗文化的关系 ● 简述维吾尔族舞蹈的发展历史及分类 ● 说明维吾尔族舞蹈的体态和律动及其与民俗文化的关系	
	4. 藏族舞蹈组合的表演 ● 能完整表演藏族舞蹈组合，并初步表现出藏族舞蹈的体态和律动特点 ● 能富有童趣地表演幼儿藏族舞蹈	4. 藏族舞蹈的发展历史、分类、韵律特点及其与民俗文化的关系 ● 简述藏族舞蹈的发展历史及分类 ● 说明藏族舞蹈的体态和律动及其与民俗文化的关系	
	5. 蒙古族舞蹈组合的表演 ● 能完整表演蒙古族舞蹈组合，并初步表现出蒙古族舞蹈的体态和律动特点 ● 能富有童趣地表演幼儿蒙古族舞蹈	5. 蒙古族舞蹈的发展历史、分类、韵律特点及其与民俗文化的关系 ● 简述蒙古族舞蹈的发展历史及分类 ● 说明蒙古族舞蹈的体态和律动及其与民俗文化的关系	
总学时			90

五、实施建议

（一）教材编写与选用建议

1. 应依据本课程标准编写教材或选用教材,从国家和市级教育行政部门发布的教材目录中选用教材,优先选用国家和市级规划教材。

2. 教材要充分体现育人功能,紧密结合教材内容、素材,有机融入课程思政要求,将课程思政内容与专业知识、技能有机统一。

3. 树立以学生为中心的教材观,教材的结构和内容应符合中职学生认知特点与学习规律。

4. 教材应按照 4 个学习主题内容,将幼儿舞蹈基础知识、形体姿态训练、幼儿舞蹈、民族舞蹈及职业素养培育融为一体,将上海市保育师(五级、四级)职业技能鉴定考核的考证内容与要求融入教材。同时强化舞蹈课程与幼儿园保教实际的有机融合,提升学生舞蹈方面的实际应用能力。

5. 教材的编排应科学合理、梯度明晰、图文并茂、生动形象,加深学生对舞蹈技能和相关理论知识的认知。文字表达必须精练易懂、准确科学、突出重点。

6. 教材内容应体现实用性、先进性、前瞻性,将幼儿园舞蹈的发展趋势及新知识、新技术及时纳入其中。

7. 鼓励校企合作开发教材,教材呈现形式多样化,倡导开发新形态融媒体教材,并配套开发信息化资源或数字教材。

（二）教学实施建议

1. 切实推进课程思政建设,寓价值观引导、职业道德教育、职业情感教育、职业精神教育、劳动教育等于教育教学全过程,帮助学生树立职业理想,同时塑造正确的世界观、人生观、价值观。要深入梳理教学内容,结合课程特点,深入挖掘课程思政元素,有机融入课程教学,达到润物无声的育人效果。

2. 教学实施要基于本课程标准,结合学前教育行业的变化和学生实际及时优化与调整。

3. 本课程教学的关键是实践。在教学过程中,教师示范和学生训练交叉进行。教师示范应基于学生问题,学生训练要留出充足的时间,在"发现问题—解决问题"的过程中完成教与学的互动,加深学生对幼儿舞蹈的认识,提高学生的自主学习能力。

4. 在教学过程中,创设幼儿舞蹈的学习情境,从学习任务着手,引导学生思考"如何舞蹈更生动,如何表现更有效",精益求精,不断进步。同时有机融入上海市保育师(五级、四级)职业技能鉴定考核相关要求,加强考证相关项目的学习,提高学生的职业适应能力。

5. 在教学过程中，多运用计算机网络及工具书、参考资料，帮助学生拓宽视野，顺利完成自学任务；多运用图片、视频和数字化软件等教学资源辅助教学，帮助学生加深对幼儿舞蹈要求的理解。

6. 积极引导学生强化尊重幼儿身心发展规律的理念，同时注意培养学生良好的职业习惯，使他们增强责任意识、安全意识、健康意识、效率意识、审美意识等，丰富职业情感，提高职业道德水平。

7. 工学结合，组织学生到幼儿园见习1—2周，在职业现场进行学习，以加深学生对课程内容的理解，提升教学质量。

（三）教学评价建议

1. 要以本课程标准为依据，开展基于标准的教学评价。

2. 以评促教、以评促学，通过课堂教学及时评价，不断改进教学方法与手段。

3. 教学评价始终坚持德技并重的原则，构建德技融合的专业课教学评价体系，把德育和职业素养的评价内容与要求细化为具体的评价指标，有机融入专业知识与技能的评价指标体系，形成可观察可测量的评价量表，综合评价学生学习情况。通过有效评价，在日常教学中不断促进学生思想品德和职业素养的形成。

4. 注重日常教学中对学生学习过程的评价。充分利用多种过程性评价工具，如评价表、记录袋等，积累过程性评价数据，形成过程性评价与终结性评价相结合的评价模式。

5. 教学评价的主体可以多元化，采取教师评价、学生自评和互评相结合的方式。

6. 要体现课程在评价上的特殊性，应注重对学生在实践中分析问题、解决问题能力的考核，对学习和应用上有创新的学生应给予特别鼓励，综合评价学生能力。

（四）资源利用建议

1. 就近优质托幼机构的环境、幼儿和保教人员都是本课程重要的教育资源，应密切与学校附近优质托幼机构的关系，共享教育资源，充分发挥其作用。

2. 根据本课程标准内容与要求及信息化教学需要，不断完善舞蹈教学条件，如建设课程教学交流平台、互动教学平台、录播回放系统、远程教学系统等。

3. 园校合作收集或拍摄与幼儿舞蹈相关的高质量视频、照片，开发数字化教学软件；园校合作研制高质量的多媒体教学课件、微课、习题库等，不断丰富幼儿舞蹈多媒体教学资源库，创设优质高效的教学环境，激发学生的学习兴趣，满足线上线下混合式教学需要，提高教学效益。

托班幼儿早期发展支持课程标准

▍课程名称

托班幼儿早期发展支持

▍适用专业

中等职业学校幼儿保育专业

一、课程性质

本课程是中等职业学校幼儿保育专业的一门专业限定选修课程,也是一门专业拓展课程。其功能是使学生掌握托班幼儿早期发展支持的基本知识与技能,具备辅助托班保教人员开展幼儿早期发展支持相关活动的基本职业能力。本课程是幼儿园教育活动保育课程的后续课程,可为幼儿心理发展与保育等专业课程的学习奠定基础。

二、设计思路

本课程遵循任务引领、理实一体的原则,根据中职幼儿保育专业的工作任务与职业能力分析结果,以"幼儿园教育活动辅助"工作领域的相关工作任务与职业能力为依据而设置。

课程内容紧紧围绕"幼儿园教育活动辅助"工作领域包含的"托班幼儿早期发展支持"相关职业能力培养的需要,选取了托班幼儿动作、语言、认知、情感与社会性发展支持等内容,遵循适度够用的原则,确定相关理论知识、专业技能与要求,并融入《保育师国家职业技能标准(2021年版)》、上海市育婴员(五级、四级)职业技能鉴定考核的相关要求。

课程内容组织按照职业能力发展规律和学生认知规律,以托班幼儿早期发展支持的典型工作任务为线索,经过分析、转化、序化,设有托班幼儿早期发展支持认知、托班幼儿动作发展支持、托班幼儿语言发展支持、托班幼儿认知发展支持、托班幼儿情感与社会性发展支持5个学习任务,以任务为引领,通过学习任务整合相关知识、技能与职业素养。

本课程建议课时为36学时。

三、课程目标

通过本课程的学习,学生初步理解托班幼儿早期发展支持的相关理论知识与技能要求,掌握托班幼儿动作发展支持、语言发展支持、认知发展支持、情感与社会性发展支持的基本技能,并达到《保育师国家职业技能标准(2021 年版)》四级和上海市育婴员(四级)职业技能鉴定考核的相关要求,具体达成以下职业素养和职业能力目标。

(一)职业素养目标

- 认同托班幼儿早期发展支持工作的重要价值,积极投入托班幼儿早期发展支持的学习与工作,初步具有促进幼儿身心全面和谐发展的责任感、使命感。

- 关心爱护幼儿,充分满足孩子的情感需求,给孩子母亲般的关爱,初步形成幼儿为重、教养结合、服务幼儿优先发展的思想意识。

- 幼儿活动时,观察细致,回应及时,指导耐心;与家长沟通时,暖心贴心,富有同理心,充满人文关怀。

- 养成认真细心、钻研探索、反思改进的习惯,具备合作意识、规范意识、时间效率意识、审美意识、劳动意识等。

(二)职业能力目标

- 能协助主班保育师创设丰富的促进托班幼儿早期发展的活动环境,并确保活动环境与材料的安全卫生。

- 能协助主班保育师充分利用自然条件,组织类型丰富、强度适宜的大活动和游戏,同时做好运动中的观察及照护,尤其做好对体弱儿与特殊儿的观察、指导、照护及记录,避免发生伤害。

- 能与托班幼儿进行交流与沟通,引导其倾听、理解和模仿语言;同时培养托班幼儿早期阅读的兴趣和习惯,特别注意关注语言发展迟缓的幼儿,给予个别指导。

- 能协助主班保育师引导托班幼儿充分调动多种感官与环境互动,保护他们对周围事物的好奇心和求知欲,鼓励引导托班幼儿主动探索。

- 能观察并正确判断托班幼儿的情感需求,给予及时、恰当的回应;能与托班幼儿建立信任及稳定的情感联结,使其有安全感。

- 能协助主班保育师建立托班一日生活和活动常规,逐步发展幼儿的规则意识,使其适应集体生活;同时创造机会,支持托班幼儿与同伴和成人交流互动,体验交往的乐趣。

- 能结合托班幼儿活动中的表现,协助主班保育师与家长有效沟通,做好家园共育工作。

- 能规范填写托班幼儿早期发展支持工作记录,并不断反思改进。

四、课程内容与要求

工作任务	技能与学习要求	知识与学习要求	参考学时
1. 托班幼儿早期发展支持认知	托班幼儿早期发展支持辨析 ● 能分辨托班幼儿早期发展支持活动的类型 ● 能初步分析保育师履行托班幼儿早期发展支持职责的情况,并分析保育师失责的原因及其对幼儿健康成长的危害	1. 托班幼儿早期发展支持的内涵 ● 简述托班幼儿早期发展支持的含义及其对幼儿身心发展的重要意义 ● 说明托班幼儿早期发展支持的主要内容与形式 2. 托班幼儿早期发展支持的基本职责与职业素养要求 ● 简述保育师承担的托班幼儿早期发展支持的基本职责 ● 简述做好托班幼儿早期发展支持工作应具备的职业素养	2
2. 托班幼儿动作发展支持	1. 托班幼儿动作辨析 ● 能分辨托班幼儿粗大动作和精细动作	1. 托班幼儿动作的种类与特征 ● 陈述幼儿动作的种类与特征 2. 托班幼儿动作发展特点、意义与目标 ● 陈述托班幼儿动作发展的特点 ● 举例说明幼儿动作发展对其身心健康成长的重要价值 ● 陈述托班幼儿动作发展目标	8
	2. 托班幼儿粗大动作发展支持 (1) 托班幼儿粗大动作发展水平评价 ● 能借助工具表中的动作发展指标,评价托班幼儿粗大动作发展水平 (2) 托班幼儿粗大动作发展环境创设 ● 能充分利用自然条件,创造适宜的粗大动作活动环境,并确保环境和材料安全、卫生 ● 能选择适合托班幼儿使用的粗大动作运动器械 (3) 托班幼儿粗大动作训练 ● 能协助主班保育师组织托班幼儿进行粗大动作训练游戏,保证适宜强度与频次,促进幼儿粗大动作发展	3. 托班幼儿粗大动作发展知识与支持策略 (1) 幼儿粗大动作的内涵、规律及保育要点 ● 简述粗大动作的含义及其对幼儿发展的意义 ● 概述幼儿粗大动作发展规律、特点及保育要点 (2) 托班幼儿粗大动作发展环境创设要求 ● 简述适合托班幼儿粗大动作发展的环境条件及材料要求 (3) 托班幼儿粗大动作发展指标 ● 陈述托班幼儿粗大动作发展指标 (4) 托班幼儿粗大动作训练原则、内容与方法要求 ● 说明粗大动作训练的原则 ● 简述发展托班幼儿粗大动作的环境创设、练习内容和方法要求 (5) 托班体弱儿、特殊儿粗大动作运动保育要求 ● 简述体弱儿、特殊儿在粗大动作运动中的保育要求	

工作任务	技能与学习要求	知识与学习要求	参考学时
	● 能在幼儿粗大动作运动中做好观察及照护,避免发生伤害 ● 能针对体弱儿、特殊儿的具体情况,调整运动项目、运动时间与运动强度,填写保育工作记录,并协助主班保育师做好与家长的沟通工作		
2. 托班幼儿动作发展支持	3. 托班幼儿精细动作发展支持 (1) 托班幼儿精细动作发展水平评价 ● 能借助工具表中的动作观察指标,评价托班幼儿精细动作发展水平 (2) 托班幼儿精细动作发展环境创设 ● 能充分利用自然条件,在各个生活环节中创造丰富的精细动作训练环境,确保环境和材料安全、卫生 ● 能选择适合托班幼儿使用的精细动作活动材料 (3) 托班幼儿精细动作训练 ● 能在日常生活中指导托班幼儿进行精细动作训练(握调羹、扣纽扣) ● 能协助主班保育师组织托班幼儿进行专门的精细动作训练游戏 ● 能在幼儿精细动作训练中做好观察及照护,避免发生伤害 ● 能针对体弱儿、特殊儿的具体情况,指导开展合适的精细动作训练,填写保育工作记录,并协助主班保育师做好与家长的沟通工作	4. 托班幼儿精细动作发展知识与支持策略 (1) 幼儿精细动作的内涵、规律及保育要点 ● 简述精细动作的含义及其对幼儿发展的意义 ● 概述幼儿精细动作发展规律、特点及保育要点 (2) 托班幼儿精细动作发展环境创设要求 ● 简述适合托班幼儿精细动作发展的环境条件及材料要求 (3) 托班幼儿精细动作发展指标 ● 陈述托班幼儿精细动作发展指标 (4) 托班幼儿精细动作训练原则、内容与方法要求 ● 简述发展托班幼儿精细动作的环境创设、练习内容、途径和方法要求 ● 说明精细动作训练的原则 ● 简述组织托班幼儿开展精细动作训练的基本要求 (5) 托班体弱儿、特殊儿精细动作训练保育要求 ● 简述体弱儿、特殊儿在精细动作训练中的保育要求	

（续表）

工作任务	技能与学习要求	知识与学习要求	参考学时
3. 托班幼儿语言发展支持	1. 托班幼儿语言发展水平评价 ● 能借助工具表中的语言能力观察指标，初步评价托班幼儿语言发展水平	1. 托班幼儿语言发展的内涵、特点、趋势与目标 ● 说明语言发展对幼儿心理发展的意义 ● 简述托班幼儿语言发展的特点与趋势 ● 陈述托班幼儿语言发展目标	8
	2. 托班幼儿语言发展环境创设 ● 能选择适合托班幼儿语言发展的玩具和早期阅读材料（儿歌、故事和图画书等） ● 能协助主班保育师为托班幼儿创设回应性的语言交流环境，提供正确的语言示范，保持与幼儿的交流与沟通	2. 托班幼儿语言发展材料与环境创设要求 ● 简述适合托班幼儿语言发展的玩具和早期阅读材料的要求 ● 简述发展托班幼儿语言能力的环境要求	
	3. 托班幼儿语言发展指导 ● 能根据托班幼儿语言特点，有感情地朗诵或讲述幼儿文学作品，培养幼儿早期阅读兴趣和习惯 ● 能配合主班保育师为托班幼儿创造良好的语言交流环境，引导幼儿乐意与同伴、成人进行交流互动 ● 关注语言发展迟缓的幼儿，并给予个别指导 ● 能协助主班保育师开展家园共育发展幼儿语言能力的相关工作	3. 发展托班幼儿语言能力的途径方法与具体形式及要求 ● 列举发展托班幼儿语言能力的途径与方法 ● 举例说明适合托班幼儿语言能力发展的活动和游戏 ● 简述保育师朗诵和讲述的基本要求 4. 家庭促进幼儿语言能力发展的途径方法 ● 举例说明家庭中促进幼儿语言能力发展的途径与方法 5. 语言发展迟缓幼儿的个别指导方法 ● 简述针对语言发展迟缓幼儿的个别指导方法	
4. 托班幼儿认知发展支持	1. 托班幼儿认知能力发展水平评价 ● 能借助工具表中的认知能力观察指标，初步评价托班幼儿认知发展水平	1. 托班幼儿认知发展的内涵、特点、趋势与目标 ● 说明认知发展对幼儿心理发展的意义 ● 简述托班幼儿认知发展的特点与趋势 ● 陈述托班幼儿认知发展目标	8
	2. 托班幼儿认知发展环境创设 ● 能协助主班保育师为托班幼儿创设用多种感官进行互动的环境，并确保环境和材料安全、卫生 ● 能选择适合托班幼儿认知发展的玩具和活动材料	2. 托班幼儿认知发展环境创设及材料特点与要求 ● 说明托班幼儿能用视、听、触摸等多种感官进行互动的环境要求 ● 列举适合托班幼儿认知发展的玩具和活动材料的特点与要求	

工作任务	技能与学习要求	知识与学习要求	参考学时
4. 托班幼儿认知发展支持	3. 托班幼儿认知发展指导 ● 能协助主班保育师引导幼儿运用各种感官持续探索周围环境，保护幼儿对周围事物的好奇心和求知欲 ● 能协助主班保育师开展促进托班幼儿认知发展的各类游戏活动，并做好个别特殊儿的照顾指导工作 ● 能协助主班保育师开展家园共育发展幼儿认知能力的相关工作	3. 发展托班幼儿认知能力的内容要求与途径方法 ● 简述发展托班幼儿认知能力的内容及要求 ● 列举发展托班幼儿认知能力游戏的要求 ● 举例说明家庭中促进幼儿认知能力发展的途径与方法	
5. 托班幼儿情感与社会性发展支持	1. 托班幼儿情绪辨识 ● 能辨识、理解和接纳幼儿的基本情绪，并给予及时回应 ● 能借助工具表中的情绪情感能力观察指标，初步评价托班幼儿情绪情感发展水平	1. 幼儿情绪的基本类型及表现 ● 列举幼儿基本的情绪类型，并说明每种情绪的内部体验和外部表现 2. 托班幼儿情感发展的意义、特点与目标 ● 说明情感发展对幼儿心理发展的重要意义 ● 概述幼儿情绪发展的特点与具体表现 ● 陈述托班幼儿情感发展目标	10
	2. 托班幼儿情感培养 ● 能为幼儿创造丰富的利于良好情绪情感培养的生活环境 ● 能协助主班保育师开展情绪情感培养的游戏活动，并确保活动安全、卫生 ● 能与幼儿建立信任和稳定的情感联结，使其有安全感 ● 能协助主班保育师开展家园共育培养幼儿良好情感的相关工作	3. 托班幼儿情感培养要求 ● 说明幼儿情感的基本需要 4. 托班幼儿情感培养的原则、要求与途径方法 ● 简述良好情绪情感培养的原则 ● 说明培养托班幼儿情绪情感的保育要求 ● 列举托班幼儿良好情绪情感培养的途径和方法 5. 家庭促进幼儿情感发展的途径方法 ● 举例说明家庭中促进幼儿情感发展的途径与方法	
	3. 托班幼儿社会性发展水平评价 ● 能借助工具表中的社会行为观察指标，初步评价托班幼儿社会性发展水平	6. 托班幼儿社会行为的内涵及培养目标 ● 简述社会行为的含义及良好社会行为培养对幼儿发展的重要意义 ● 说明幼儿社会行为发展的特点与具体表现 ● 陈述托班幼儿良好社会行为培养的目标	

（续表）

工作任务	技能与学习要求	知识与学习要求	参考学时
5. 托班幼儿情感与社会性发展支持	4. 托班幼儿良好社会行为培养 ● 能为幼儿创造丰富的利于良好社会行为（良好人际交往、遵守规则、适应集体生活等）培养的生活环境 ● 能协助主班保育师开展培养托班幼儿良好社会行为的游戏活动 ● 能利用各种环境、环节随机培养幼儿良好社会行为 ● 能协助主班保育师开展家园共育培养幼儿良好社会行为的相关工作	7. 幼儿良好社会行为培养的原则与环境创设具体要求 ● 解释良好社会行为培养的原则及环境创设具体要求 8. 托班幼儿社会行为培养的途径方法 ● 简述托班幼儿良好社会行为培养的不同途径和方法 9. 家庭促进幼儿社会行为发展的途径方法 ● 介绍家庭中促进幼儿社会行为发展的途径与方法	
总学时			36

五、实施建议

（一）教材编写与选用建议

1. 应依据本课程标准编写教材或选用教材，从国家和市级教育行政部门发布的教材目录中选用教材，优先选用国家和市级规划教材。

2. 教材要充分体现育人功能，紧密结合教材内容、素材，有机融入课程思政要求，将课程思政内容与专业知识、技能有机统一。

3. 树立以学生为中心的教材观，教材的结构和内容应符合中职学生认知特点与学习规律。

4. 教材应以"幼儿园教育活动辅助"工作领域的"托班幼儿早期发展支持"工作任务相关的职业能力为逻辑线索，按照职业能力培养由易到难、由简单到复杂、由单一到综合的规律，确定教材各部分的目标、内容，并进行相应的任务、活动设计等，从而建立起一个结构清晰、层次分明的教材内容体系。

5. 教材在整体设计和内容选取时应体现实用性、先进性、前瞻性，将托育的新理念、新知识、新方法及时纳入其中，对接《保育师国家职业技能标准（2021 年版）》和托班保育师实际岗位要求，并吸收学前教育先进行业文化和优秀幼儿园文化。教材具有真实的职业情境，职场感强。

6. 教材要贴近学生生活,贴近职场,采用生动活泼的、学生乐于接受的语言、图表等去呈现内容,让学生在使用教材时有亲切感、真实感。

7. 鼓励园校合作开发教材,教材呈现形式多样化,倡导开发工作手册式新形态融媒体教材,并配套开发信息化资源或数字教材。

(二)教学实施建议

1. 切实推进课程思政建设,寓价值观引导、职业道德教育、职业情感教育、职业精神教育、劳动教育等于教育教学全过程,帮助学生树立职业理想,同时塑造正确的世界观、人生观、价值观。要深入梳理教学内容,结合课程特点,深入挖掘课程思政元素,有机融入课程教学,达到润物无声的育人效果。

2. 教学实施要基于本课程标准,结合学前教育行业的变化和学生实际及时优化与调整。

3. 教学要充分体现"实践导向、任务引领、理实一体、做学合一"的职教课改理念,紧密联系幼儿园托班保育工作实际,以具体的托班幼儿动作发展支持、语言发展支持、认知发展支持、情感与社会性发展支持等工作任务为载体,加强理论教学与实践教学的结合,充分利用各种实训场所与设备,促进教与学方式的转变。

4. 教师应坚持以学生为中心的教学理念,充分尊重学生,遵循学生认知特点和学习规律,努力成为学生学习的组织者、指导者和同伴。

5. 采取灵活多样的教学方式,充分调动学生学习的积极性、能动性,积极探索自主学习、合作学习、探究式学习、问题导向式学习、体验式学习、混合式学习等体现教学新理念的教学方式。同时创造条件进行实景教学,提高学生解决托班幼儿早期发展支持工作实际问题的能力。

6. 充分利用信息技术进行线上线下混合在线教学,提高教学效率。

7. 工学结合,组织学生到幼儿园见习1—2周,在职业现场进行学习,以加深学生对课程内容的理解,提升教学质量。

(三)教学评价建议

1. 要以本课程标准为依据,开展基于标准的教学评价。

2. 以评促教、以评促学,通过课堂教学及时评价,不断改进教学方法与手段。

3. 教学评价始终坚持德技并重的原则,构建德技融合的专业课教学评价体系,把德育和职业素养的评价内容与要求细化为具体的评价指标,有机融入专业知识与技能的评价指标体系,形成可观察可测量的评价量表,综合评价学生学习情况。通过有效评价,在日常教学中不断促进学生思想品德和职业素养的形成。

4. 注重日常教学中对学生学习过程的评价。充分利用多种过程性评价工具,如评价表、记录袋等,积累过程性评价数据,形成过程性评价与终结性评价相结合的评价模式。

5. 教学评价的主体可以多元化,采取教师评价、学生自评和互评相结合的方式。

6. 要体现课程在评价上的特殊性,应注重对学生在实践中分析问题、解决问题能力的考核,对学习和应用上有创新的学生应给予特别鼓励,综合评价学生能力。

(四) 资源利用建议

1. 就近优质托幼园所的环境、幼儿和保教人员都是本课程重要的教育资源,应密切与学校附近优质托幼园所的关系,共享教育资源,充分发挥其作用。

2. 园校合作开发教学资源,所有操作要配备规范操作视频,所有案例应尽量提供实景视频或图片,帮助学生了解托班幼儿早期发展支持工作实际。

3. 校内,创建仿真模拟实训室,创设真实的学习情境;同时充分利用并完善校内幼儿早期发展支持实训设备,确保实训教学顺利进行。校外,努力创建优质实训基地,通过见习,满足学生综合职业能力提升的要求。

4. 充分利用信息技术,提高教育教学效益。积极创造条件建设课程教学交流平台、互动教学平台、远程教学系统等,同时充分利用搜索引擎、电子书籍、电子期刊、数字图书馆、教育网站和教学资源网站等网络信息资源,提高教学效率。

保育师职业礼仪课程标准

课程名称

保育师职业礼仪

适用专业

中等职业学校幼儿保育专业

一、课程性质

本课程是中等职业学校幼儿保育专业的一门专业限定选修课程,也是一门专业拓展课程。其功能是使学生掌握保育师职业礼仪的基本知识与技能,具备良好的职业形象以及合乎礼仪地开展保育工作的职业能力。本课程可为保育师口语沟通课程及赴幼儿园实习奠定基础。

二、设计思路

本课程遵循任务引领、理实一体的原则,根据中职幼儿保育专业的工作任务与职业能力分析结果,以各工作领域的相关工作任务与职业能力所需的礼仪要求为依据而设置。

课程内容紧紧围绕保育师职业礼仪培养的需要,选取了保育师职业礼仪基础知识、职业形象塑造、职场交往礼仪、职场工作礼仪、求职入职礼仪等内容,遵循适度够用的原则,确定相关理论知识、专业技能与要求,并融入《保育员国家职业技能标准(2019年版)》、上海市保育师(五级、四级)职业技能鉴定考核,以及《保育师国家职业技能标准(2021年版)》的相关要求。

课程内容组织按照职业能力发展规律和学生认知规律,对保育师所需的职业礼仪知识技能,按照由近及远、由易到难的原则,设有保育师职业礼仪认知、保育师职业形象塑造、保育师职场礼仪交往、保育师职场合乎礼仪地工作、准保育师合乎礼仪地初入职场5个学习任务,以任务为引领,通过学习任务整合相关知识、技能与职业素养。

本课程建议课时为36学时。

三、课程目标

通过本课程的学习,学生能建立对保育师职业礼仪的基本认知,掌握保育师职场人际交往与日常社会交往的行为规范,塑造良好的保育师职业形象,并达到《保育员国家职业技能标准(2019年版)》四级和上海市保育师(四级)职业技能鉴定考核的相关要求,具体达成以下职业素养和职业能力目标。

(一) 职业素养目标

- 感受中华民族传统礼仪文化的思想内涵及其与社会发展的关系,坚定文化自信,增强传承与弘扬中国优秀传统礼仪文化的责任感与使命感。

- 懂得礼仪对提升保育工作效果、维护职业形象、促进自身职业发展的独特价值,热爱礼仪,积极参与礼仪学习活动,不断提升礼仪修养与礼仪水平。

- 充分认识自身言行举止对幼儿身心发展的重要影响,以身作则,积极塑造良好的保育师职业形象,言行举止文明优雅,充满人文关怀。

- 养成认真细心、钻研探索、反思改进的习惯,具备合作意识、规范意识、时间效率意识、审美意识、劳动意识等。

(二) 职业能力目标

- 能按照礼仪要求,对个人仪容、仪表进行得体的修饰,言行举止文明优雅,塑造良好的保育人员职业形象。

- 能根据礼仪规范要求,与幼儿、家长、同事及社区工作者等相关人员礼貌交往,形成和谐的人际关系。

- 能按照礼仪规范要求开展一日常规工作,参与各类大型活动,参加会议研讨及培训学习活动等,提高工作学习效益。

- 能根据礼仪规范要求参加实习、应聘等初入职场活动,展示良好的个人修养。

四、课程内容与要求

学习任务	技能与学习要求	知识与学习要求	建议学时
1. 保育师职业礼仪认知	1. 礼仪辨析 ● 对比遵守礼仪与不遵守礼仪的保育工作情境,分析其不同的工作效果	1. 礼仪的含义、本质、功能 ● 简述礼仪的含义、本质及其功能 2. 礼仪的基本原则、特征 ● 简述礼仪的基本原则与特征 3. 保育师职业礼仪的内涵、意义 ● 说明保育师职业礼仪的含义,以及保育师遵守礼仪规范对提升保育工作质量的重要意义 4. 保育师职业礼仪的特点、原则 ● 举例说明保育师职业礼仪的特点及必须遵守的原则	2

学习任务	技能与学习要求	知识与学习要求	建议学时
2. 保育师职业形象塑造	1. 保育师仪容塑造 ● 能按照保育师的工作性质，正确清洁修饰自己的仪容	1. 仪容礼仪的内涵、意义及规范 ● 简述仪容礼仪的内涵、意义及基本原则 ● 陈述面部清洁与修饰的规范要求 ● 陈述头发清洁与发型选择的规范要求 ● 陈述肢体清洁与修护的规范要求	8
	2. 保育师仪表塑造 ● 能按照保育师的工作性质及着装原则，穿着合适的服装	2. 仪表礼仪的内涵、意义及规范 ● 简述仪表礼仪的内涵、意义及基本原则 ● 陈述保育师着装基本原则	
	3. 保育师仪态塑造 ● 能在保育工作场合，按照仪态规范要求，保持正确的站、坐、走、蹲姿态，规范使用手势语、体态语	3. 仪态礼仪的内涵、意义及规范 ● 简述仪态礼仪的内涵、意义及基本原则 ● 陈述站姿、坐姿、走姿、蹲姿的基本要求与禁忌 ● 列举不同形式的站姿、坐姿、走姿、蹲姿 ● 简述手势的基本要求与禁忌 ● 列举保育师常用的手势与体态语	
	4. 保育师礼貌言谈 ● 能按照保育师的工作性质及言谈礼仪规范要求，与他人进行礼貌交谈	4. 言谈礼仪的内涵、意义及规范 ● 简述言谈礼仪的内涵、意义及基本原则 ● 陈述常用礼貌用语及其使用场合 ● 陈述寒暄、聆听、赞美、劝慰、交谈等言谈礼仪规范 ● 列举言谈礼仪禁忌	
3. 保育师职场礼仪交往	1. 与幼儿礼仪交往 ● 能反思自己在实习中的师德礼仪规范遵守情况，提出改进措施 ● 能按照与幼儿礼仪交往的细则要求及幼儿年龄特点，与不同年龄班幼儿交往	1. 与幼儿礼仪交往的规范 ● 陈述师德师行礼仪规范 ● 简述与幼儿的礼仪交往细则 ● 举例说明与托、小、中、大班幼儿交往的不同要求	8
	2. 与家长礼仪交往 ● 能按照与家长礼仪交往的规范与基本原则，与家长礼貌交往 ● 能按照家访礼仪规范要求礼貌家访 ● 能按照接待礼仪规范要求，在幼儿园各种场合下礼貌接待家长	2. 与家长礼仪交往的规范 ● 简述与家长礼仪交往的规范与基本原则 ● 举例说明家访的礼仪规范 ● 陈述与家长日常礼仪交往（日常沟通，包含电话、新媒体、书面等）的规范 ● 简述家长接待（来访、家长会、家长开放日等）的礼仪规范	

（续表）

学习任务	技能与学习要求	知识与学习要求	建议学时
3. 保育师职场礼仪交往	3. 与同事、领导礼仪交往 ● 能按照与同事礼仪交往的规范与基本原则，与同事礼貌交往 ● 能按照与上级领导礼仪交往的规范与基本原则，与上级领导礼貌交往	3. 与同事、领导礼仪交往的规范 ● 简述与同事礼仪交往的规范与基本原则 ● 举例说明与同事合作共事的礼仪规范 ● 简述与上级领导礼仪交往的规范与基本原则	
	4. 与社区人员礼仪交往 ● 能按照与社区人员礼仪交往的规范与基本原则，与社区人员礼貌交往	4. 与社区人员礼仪交往的规范 ● 简述与社区人员礼仪交往的规范与基本原则	
4. 保育师职场合乎礼仪地工作	1. 合乎礼仪地开展幼儿园一日常规工作 ● 能合乎礼仪地开展幼儿生活活动保育工作 ● 能合乎礼仪地开展幼儿集体活动保育工作 ● 能合乎礼仪地开展幼儿游戏活动保育工作	1. 幼儿园一日常规工作礼仪 ● 举例说明自身礼仪行为对幼儿身心发展的影响 （1）幼儿生活活动保育工作礼仪 ● 简述入园活动保育工作礼仪规范 ● 简述进餐活动保育工作礼仪规范 ● 简述盥洗活动保育工作礼仪规范 ● 简述午睡活动保育工作礼仪规范 ● 简述离园活动保育工作礼仪规范 （2）幼儿集体活动保育工作礼仪 ● 简述户外活动保育工作礼仪规范 ● 简述室内教学活动保育工作礼仪规范 （3）幼儿游戏活动保育工作礼仪 ● 简述游戏活动保育工作礼仪规范	12
	2. 合乎礼仪地参加幼儿园大型活动服务 ● 能合乎礼仪地参与大型活动的筹备工作 ● 能合乎礼仪地参与大型活动的现场签到、引导服务工作 ● 能适时有礼地做好大型活动现场的茶水服务工作 ● 能合乎礼仪地参与大型活动后的现场整理工作	2. 幼儿园大型活动工作礼仪 （1）大型活动前的工作内容与礼仪要求 ● 列举大型活动（半日活动开放日、大型教学展示、节庆活动、毕业典礼等）的常规准备工作内容与礼仪服务基本原则 ● 简述座位排列礼仪规范 （2）幼儿园大型活动时的接待服务规范 ● 简述报到、签到的接待礼仪规范 ● 简述引导礼仪规范 ● 简述茶水服务礼仪规范 （3）幼儿园大型活动后的收整规范 ● 简述清场工作的具体步骤 ● 简述客人遗留物品的处置方法	

（续表）

学习任务	技能与学习要求	知识与学习要求	建议学时
4. 保育师职场合乎礼仪地工作	3. 合乎礼仪地参加幼儿园会议、研讨、培训学习活动 ● 能合乎礼仪地参与各类会议、研讨、培训学习活动的准备工作 ● 能合乎礼仪地参与各类会议、研讨、培训学习活动	3. 参加幼儿园会议、研讨、培训学习活动礼仪 ● 简述各类会议、研讨、培训学习活动的准备工作及礼仪规范要求 ● 简述参加会议的礼仪规范 ● 简述参加研讨活动的礼仪规范 ● 简述参加培训学习的礼仪规范	
5. 准保育师合乎礼仪地初入职场	1. 合乎礼仪地参加幼儿园实习活动 ● 能合乎礼仪地做好实习前的充分准备，确保实习顺利进行 ● 能合乎礼仪地参加实习活动，为幼儿树立榜样，给指导教师留下文明礼貌的印象	1. 准保育师实习礼仪规范 ● 简述保育实习前合乎礼仪的准备工作内容（物质、知识技能、身心、交通等） ● 说明保育实习时的基本礼仪规范及注意事项 ● 举例说明实习时个人形象、言行举止、人际交往、学习态度、纪律等方面的礼仪要求 ● 陈述实习结束前后的礼仪规范	6
	2. 合乎礼仪地参加应聘 ● 能合乎礼仪地参加求职应聘，展示良好的个人修养	2. 应聘礼仪规范 ● 简述应聘前合乎礼仪的准备工作内容（材料、知识技能、身心、交通等） ● 陈述应聘时的基本礼仪规范（言行举止、自我介绍、应答询问、才艺展示等） ● 举例说明应聘后的礼仪规范（感谢、告辞、等待等）	
	3. 合乎礼仪地进入职场 ● 能合乎礼仪地进入职场工作	3. 新入职礼仪规范 ● 简述入职前合乎礼仪的准备工作内容（知识、身心、交通等） ● 举例说明入职初的基本礼仪规范（自我介绍、仪容仪表、言行举止、人际交往）及注意事项	
总学时			36

五、实施建议

（一）教材编写与选用建议

1. 应依据本课程标准编写教材或选用教材，从国家和市级教育行政部门发布的教材目录中选用教材，优先选用国家和市级规划教材。

2. 教材要充分体现育人功能,紧密结合教材内容、素材,有机融入课程思政要求,将课程思政内容与专业知识、技能有机统一。

3. 树立以学生为中心的教材观,教材的结构和内容应符合中职学生认知特点与学习规律。

4. 教材应以与"保育师职业礼仪"有关的职业能力为逻辑线索,按照职业能力培养由易到难、由简单到复杂、由单一到综合的规律,确定教材各部分的目标、内容,并进行相应的任务、活动设计等,从而建立起一个结构清晰、层次分明的教材内容体系。

5. 教材内容应体现实用性、先进性、前瞻性,将保育师礼仪的新理念、新知识、新方法及时纳入其中,对接《保育员国家职业技能标准(2019 年版)》和保育师岗位要求,并吸收学前教育先进行业文化和优秀幼儿园文化。教材具有真实的职业情境,职场感强。

6. 教材要贴近学生生活,贴近职场,采用生动活泼的、学生乐于接受的语言、图表等去呈现内容,让学生在使用教材时有亲切感、真实感。

7. 鼓励园校合作开发教材,教材呈现形式多样化,倡导开发工作手册式新形态融媒体教材,并配套开发信息化资源或数字教材。

(二)教学实施建议

1. 切实推进课程思政建设,寓价值观引导、职业道德教育、职业情感教育、职业精神教育、劳动教育等于教育教学全过程,帮助学生树立职业理想,同时塑造正确的世界观、人生观、价值观。要深入梳理教学内容,结合课程特点,深入挖掘课程思政元素,有机融入课程教学,达到润物无声的育人效果。

2. 教学实施要基于本课程标准,结合托育服务的变化和学生实际及时优化与调整。

3. 教学要充分体现"实践导向、任务引领、理实一体、做学合一"的职教课改理念,紧密联系托育园保育工作实际,以具体的保育师职业形象塑造、保育师职场礼仪交往、保育师职场合乎礼仪地工作、准保育师合乎礼仪地初入职场等工作任务为载体,加强理论教学与实践教学的结合,充分利用各种实训场所与设备,促进教与学方式的转变。

4. 教师应坚持以学生为中心的教学理念,充分尊重学生,遵循学生认知特点和学习规律,努力成为学生学习的组织者、指导者和同伴。

5. 采取灵活多样的教学方式,充分调动学生学习的积极性、能动性,积极探索自主学习、合作学习、探究式学习、问题导向式学习、体验式学习、混合式学习等体现教学新理念的教学方式。同时创造条件进行实景教学,提高学生解决保育师职业礼仪实际问题的能力。

6. 充分利用信息技术进行线上线下混合在线教学,提高教学效率。

7. 工学结合,组织学生到幼儿园见习 1—2 周,在职业现场进行学习,以加深学生对课程内容的理解,提升教学质量。

(三) 教学评价建议

1. 要以本课程标准为依据,开展基于标准的教学评价。

2. 以评促教、以评促学,通过课堂教学及时评价,不断改进教学方法与手段。

3. 教学评价始终坚持德技并重的原则,构建德技融合的专业课教学评价体系,把德育和职业素养的评价内容与要求细化为具体的评价指标,有机融入专业知识与技能的评价指标体系,形成可观察可测量的评价量表,综合评价学生学习情况。通过有效评价,在日常教学中不断促进学生思想品德和职业素养的形成。

4. 注重日常教学中对学生学习过程的评价。充分利用多种过程性评价工具,如评价表、记录袋等,积累过程性评价数据,形成过程性评价与终结性评价相结合的评价模式。

5. 教学评价的主体可以多元化,采取教师评价、学生自评和互评相结合的方式。

6. 要体现课程在评价上的特殊性,应注重对学生在实践中分析问题、解决问题能力的考核,对学习和应用上有创新的学生应给予特别鼓励,综合评价学生能力。

(四) 资源利用建议

1. 就近优质托幼园所的环境、幼儿和保教人员都是本课程重要的教育资源,应密切与学校附近优质托幼园所的关系,共享教育资源,充分发挥其作用。

2. 园校合作开发教学资源,所有操作要配备规范操作视频,所有案例应尽量提供实景视频或图片,帮助学生了解保育师职业礼仪实际。

3. 校内,创建仿真模拟实训室,创设真实的学习情境;同时充分利用并完善校内礼仪实训设备,确保实训教学顺利进行。校外,努力创建优质实训基地,通过见习,满足学生综合职业能力提升的要求。

4. 充分利用信息技术,提高教育教学效益。积极创造条件建设课程教学交流平台、互动教学平台、远程教学系统等,同时充分利用搜索引擎、电子书籍、电子期刊、数字图书馆、教育网站和教学资源网站等网络信息资源,提高教学效率。

上海市中等职业学校专业教学标准开发

总项目主持人　谭移民

上海市中等职业学校
幼儿保育专业教学标准开发
项目组成员名单

项目组长　　王　忠　　　　上海市群益职业技术学校
项目副组长　宋彩虹　　　　上海市群益职业技术学校
项目组成员　（按姓氏笔画排序）
　　　　　　　　刘　博　　　　上海市群益职业技术学校
　　　　　　　　李青青　　　　上海市新陆职业技术学校
　　　　　　　　李　杰　　　　上海震旦职业学院
　　　　　　　　李　娜　　　　上海行健职业学院
　　　　　　　　杨　明　　　　上海市群益职业技术学校
　　　　　　　　余怡雯　　　　上海市信息管理学校
　　　　　　　　邹梦雨　　　　上海市群益职业技术学校
　　　　　　　　张艳娟　　　　上海市群益职业技术学校
　　　　　　　　张倩倩　　　　上海市贸易学校
　　　　　　　　张　静　　　　上海市群益职业技术学校
　　　　　　　　张　徽　　　　上海市新陆职业技术学校
　　　　　　　　张　懿　　　　中国福利会托儿所
　　　　　　　　林　倩　　　　上海市黄浦区荷花池幼儿园
　　　　　　　　罗园园　　　　上海市群益职业技术学校
　　　　　　　　俞丛晓　　　　上海市黄浦区早期教育指导中心
　　　　　　　　骈　岑　　　　上海市群益职业技术学校
　　　　　　　　夏　瑛　　　　上海市杨浦职业技术学校
　　　　　　　　游　鹂　　　　上海市宝山职业技术学校

上海市中等职业学校
幼儿保育专业教学标准开发
项目组成员任务分工表

姓 名	所 在 单 位	承 担 任 务
王 忠	上海市群益职业技术学校	幼儿保育专业教学标准研究与推进
宋彩虹	上海市群益职业技术学校	幼儿保育专业教学标准研究、撰写、文本审核与统稿 托班幼儿早期发展支持课程标准、保育师职业礼仪 课程标准研究与撰写
张艳娟	上海市群益职业技术学校	幼儿行为观察与引导课程标准、幼儿心理发展与保 育课程标准研究与撰写
邹梦雨	上海市群益职业技术学校	幼儿生活活动保育课程标准研究与撰写
杨 明	上海市群益职业技术学校	幼儿健康照护课程标准研究与撰写
张 静	上海市群益职业技术学校	托幼机构保教工作基础课程标准研究与撰写
骈 岑	上海市群益职业技术学校	保育师口语沟通课程标准研究与撰写
刘 博	上海市群益职业技术学校	幼儿文学课程标准研究与撰写
罗园园	上海市群益职业技术学校	幼儿健康照护课程标准研究与撰写
张 徽	上海市新陆职业技术学校	幼儿安全照护课程标准研究与撰写
李青青	上海市新陆职业技术学校	幼儿安全照护课程标准研究与撰写
夏 瑛	上海市杨浦职业技术学校	幼儿园教育活动保育课程标准研究与撰写
游 鹂	上海市宝山职业技术学校	幼儿园教育活动保育课程标准研究与撰写
余怡雯	上海市信息管理学校	幼儿园教育活动保育课程标准研究与撰写
张倩倩	上海市贸易学校	幼儿行为观察与引导课程标准研究与撰写
李 娜	上海行健职业学院	幼儿保育专业教学标准研究 课程标准研究
李 杰	上海震旦职业学院	幼儿保育专业教学标准研究 课程标准研究

姓　名	所　在　单　位	承　担　任　务
俞丛晓	上海市黄浦区早期教育指导中心	幼儿保育专业教学标准研究 课程标准研究
张　懿	中国福利会托儿所	幼儿保育专业教学标准研究 课程标准研究
林　倩	上海市黄浦区荷花池幼儿园	幼儿保育专业教学标准研究 课程标准研究
朱霁雅	上海市群益职业技术学校	音乐课程标准研究与撰写
全安琪	上海市群益职业技术学校	舞蹈课程标准研究与撰写
何　静	上海市群益职业技术学校	美术课程标准研究与撰写

图书在版编目（CIP）数据

上海市中等职业学校幼儿保育专业教学标准 / 上海市教师教育学院（上海市教育委员会教学研究室）编.
上海：上海教育出版社，2024.9. — ISBN 978-7-5720-2756-7

Ⅰ. G61

中国国家版本馆CIP数据核字第2024EG9480号

责任编辑　周琛溢

封面设计　王　捷

上海市中等职业学校幼儿保育专业教学标准
上海市教师教育学院（上海市教育委员会教学研究室）　编

出版发行　上海教育出版社有限公司
官　　网　www.seph.com.cn
地　　址　上海市闵行区号景路159弄C座
邮　　编　201101
印　　刷　上海叶大印务发展有限公司
开　　本　787×1092　1/16　印张 10.75
字　　数　158 千字
版　　次　2024年9月第1版
印　　次　2024年9月第1次印刷
书　　号　ISBN 978-7-5720-2756-7/G·2435
定　　价　46.00 元

如发现质量问题，读者可向本社调换　电话：021-64373213